全民阅读体育知识读本

U0721112

赛跑——比位移速度的运动

盛文林/著

台海出版社

图书在版编目（CIP）数据

赛跑：比位移速度的运动／盛文林著. －－北京：
台海出版社，2014.7

（全民阅读体育知识读本）

ISBN 978－7－5168－0419－3

Ⅰ.①赛… Ⅱ.①盛… Ⅲ.①短路－基本知识②长跑
－基本知识 Ⅳ.①G822.1②G822.3

中国版本图书馆 CIP 数据核字（2014）第 174940 号

赛跑：比位移速度的运动

著　　者：盛文林	
责任编辑：孙铁楠	装帧设计：视界创意
版式设计：林　兰	责任印制：蔡　旭

出版发行：台海出版社

地　　址：北京市朝阳区劲松南路 1 号　　邮政编码：100021

电　　话：010－64041652（发行，邮购）

传　　真：010－84045799（总编室）

网　　址：www. taimeng. org. cn/thcbs/default. htm

E － mail：thcbs@126. com

经　　销：全国各地新华书店

印　　刷：北京一鑫印务有限公司

本书如有破损、缺页、装订错误，请与本社联系调换

开　　本：655×960　　　　1/16

字　　数：130 千字　　　　　　印　　张：12

版　　次：2014 年 10 月第 1 版　　印　　次：2021 年 6 月第 3 次印刷

书　　号：ISBN 978－7－5168－0419－3

定　　价：29.60 元

前　言

　　赛跑作为一项古老的体育项目，早在公元前776年的第一届古希腊奥林匹克运动会上就出现了，只不过当时的赛跑距离比较短，竞赛项目种类比较少。对于古希腊人赛跑的技术，并没有有关的文字记载，但是考古学家从挖掘出来的装饰陶器所画的形象上分析出了古希腊人的跑步姿势，上体前倾较大，腿抬得较高，落地前小腿有向前摆的动作，并且动作开阔，步幅较大。

　　随着时间的推移，赛跑项目不断演变和发展，形成了短跑、中跑、长跑、障碍跑、跨栏跑、马拉松跑等多种竞赛形式。国内外不断涌现出大批出色的运动员，他们以惊人的表现，展示着赛跑这项体育项目的精神内涵。各种历史纪录不断被刷新，更是展示出了人类速度的极限。近年来，世界赛跑运动技术水平的提高令人吃惊。从奥运会、世锦赛等各大田径赛事上高水平运动员的出色表现，让人们体会到了赛跑这一项目的刺激与精彩，更加感受到了赛跑运动才是"运动的领军者"。

　　本书从赛跑的起源、发展、演变等方面具体为大家介绍了赛跑这项体育运动项目，让青少年读者了解赛跑这项运动，继而为青少年读者详细地介绍了赛跑项目的竞赛规则、场地设施、技术、战术，有关的项目术语、裁判标准等全面的赛跑知识，条理清晰，知识点明确，让读者在轻松中了解赛跑运动，从而更加地喜爱赛跑这项运动。

目　录

PART 1　项目起源 ·· 1

　　短跑 ··· 1

　　中跑 ··· 2

　　长跑 ··· 2

　　跨栏跑 ·· 3

　　接力跑 ·· 3

　　障碍跑 ·· 4

　　马拉松 ·· 4

PART 2　历史发展 ·· 6

　　短跑 ··· 6

　　中长跑 ·· 10

　　跨栏跑 ·· 14

　　障碍跑 ·· 17

　　马拉松 ·· 18

PART 3　竞赛规则 ·· 21

　　参赛运动员资格 ·· 21

　　竞赛项目规则 ·· 22

　　　服装、鞋和号码规则 ·· 29

　　　跑道测量规则 ·· 31

PART 4　场地设施 ·· 33

　　赛跑项目场地 ·· 33

　　赛场项目设施器材 ·· 36

PART 5　项目术语 ·· 41

　　100 米低栏 ··· 41

　　110 米高栏 ··· 41

　　80 米低栏 ··· 42

　　400 米栏 ··· 42

　　小步跑 ·· 43

　　口鼻呼吸法 ··· 43

　　分道线 ·· 43

　　支撑时期 ··· 44

　　车轮跑 ·· 44

　　支撑反作用力 ·· 44

　　中长跑呼吸法 ·· 45

　　加速跑 ·· 45

　　世界纪录 ··· 46

　　团体赛跑 ··· 46

　　迎面接力赛跑 ·· 47

　　后蹬 ·· 47

　　后蹬跑 ·· 47

　　抢跑 ·· 48

　　步长 ·· 48

步频 ·························· 49

间歇跑 ·························· 49

途中跑 ·························· 49

终点冲刺跑 ·························· 50

放松跑 ·························· 50

变速跑 ·························· 51

前蹬 ·························· 51

送髋 ·························· 51

高抬腿跑 ·························· 52

栏间跑 ·························· 52

弯道跑 ·························· 53

起跑线 ·························· 53

终点线 ·························· 54

起跑 ·························· 54

起跑冲刺 ·························· 54

起跑线前伸数 ·························· 55

站立式起跑 ·························· 55

复步 ·························· 56

梯形起跑 ·························· 56

斜坡跑道 ·························· 56

接力区 ·························· 57

接力赛跑 ·························· 57

短子弹式安装法 ·························· 57

普通式安装法 ·························· 58

摆动跑 ·························· 58

跨步跑 ·························· 58

跨栏步 ·························· 59

腾空时期 ⋯⋯⋯⋯⋯⋯⋯⋯⋯⋯⋯⋯⋯⋯ 59

赛次 ⋯⋯⋯⋯⋯⋯⋯⋯⋯⋯⋯⋯⋯⋯⋯⋯ 60

蹬摆配合 ⋯⋯⋯⋯⋯⋯⋯⋯⋯⋯⋯⋯⋯⋯ 60

蹬踞式起跑 ⋯⋯⋯⋯⋯⋯⋯⋯⋯⋯⋯⋯⋯ 60

跑 ⋯⋯⋯⋯⋯⋯⋯⋯⋯⋯⋯⋯⋯⋯⋯⋯⋯ 61

后踢跑 ⋯⋯⋯⋯⋯⋯⋯⋯⋯⋯⋯⋯⋯⋯⋯ 61

行进间跑 ⋯⋯⋯⋯⋯⋯⋯⋯⋯⋯⋯⋯⋯⋯ 62

趴地 ⋯⋯⋯⋯⋯⋯⋯⋯⋯⋯⋯⋯⋯⋯⋯⋯ 62

摆臂 ⋯⋯⋯⋯⋯⋯⋯⋯⋯⋯⋯⋯⋯⋯⋯⋯ 62

全程跑 ⋯⋯⋯⋯⋯⋯⋯⋯⋯⋯⋯⋯⋯⋯⋯ 63

反复跑 ⋯⋯⋯⋯⋯⋯⋯⋯⋯⋯⋯⋯⋯⋯⋯ 63

速度耐力 ⋯⋯⋯⋯⋯⋯⋯⋯⋯⋯⋯⋯⋯⋯ 63

反应时间 ⋯⋯⋯⋯⋯⋯⋯⋯⋯⋯⋯⋯⋯⋯ 64

极点 ⋯⋯⋯⋯⋯⋯⋯⋯⋯⋯⋯⋯⋯⋯⋯⋯ 64

第二次呼吸 ⋯⋯⋯⋯⋯⋯⋯⋯⋯⋯⋯⋯⋯ 65

起跨 ⋯⋯⋯⋯⋯⋯⋯⋯⋯⋯⋯⋯⋯⋯⋯⋯ 65

攻栏 ⋯⋯⋯⋯⋯⋯⋯⋯⋯⋯⋯⋯⋯⋯⋯⋯ 65

PART 6　技术战术 ⋯⋯⋯⋯⋯⋯⋯⋯⋯⋯ 66

短跑 ⋯⋯⋯⋯⋯⋯⋯⋯⋯⋯⋯⋯⋯⋯⋯⋯ 66

中长跑 ⋯⋯⋯⋯⋯⋯⋯⋯⋯⋯⋯⋯⋯⋯⋯ 73

跨栏跑 ⋯⋯⋯⋯⋯⋯⋯⋯⋯⋯⋯⋯⋯⋯⋯ 82

障碍跑 ⋯⋯⋯⋯⋯⋯⋯⋯⋯⋯⋯⋯⋯⋯⋯ 84

接力跑 ⋯⋯⋯⋯⋯⋯⋯⋯⋯⋯⋯⋯⋯⋯⋯ 88

马拉松跑 ⋯⋯⋯⋯⋯⋯⋯⋯⋯⋯⋯⋯⋯⋯ 92

PART 7　裁判标准 ⋯⋯⋯⋯⋯⋯⋯⋯⋯⋯ 98

裁判长工作职责 ⋯⋯⋯⋯⋯⋯⋯⋯⋯⋯⋯ 98

其他裁判人员工作职责 ·· 100

PART 8　赛事组织 ·· 104

申办程序 ··· 104

田径比赛的过程管理 ··· 105

竞赛通用文件及流程 ··· 107

赛后工作安排 ·· 109

PART 9　礼仪规范 ·· 111

入场礼仪 ··· 111

赛前礼仪 ··· 112

领奖礼仪 ··· 113

握手礼仪 ··· 114

观赛礼仪 ··· 116

PART 10　明星花絮 ··· 117

曲云霞 ·· 117

王军霞 ·· 118

刘翔 ··· 120

黄潇潇 ·· 122

邢慧娜 ·· 125

白雪 ··· 126

史冬鹏 ·· 127

苏炳添 ·· 129

劳义 ··· 132

张培萌 ·· 134

李雪梅 ·· 136

杨耀祖 ·· 137

谢文俊 ·· 138

梁嘉鸿 ·· 140

胡凯 ·· 142

周春秀 ·· 143

阿里斯·梅里特 ··· 145

泰森·盖伊 ··· 147

阿萨法·鲍威尔 ··· 149

尤塞恩·博尔特 ··· 150

戴龙·罗伯斯 ·· 152

莫里斯·格林 ·· 153

卡尔·刘易斯 ·· 155

迈克尔·约翰逊 ··· 156

肖恩·克劳福德 ··· 158

谢莉·安·弗雷泽 ··· 159

PART 11　历史档案 ·· 161

历届奥运会赛跑项目历史成绩纪录 ··························· 161

PART 1 项目起源

短 跑

短跑是一项古老的运动项目。早在公元前 776 年第一届古希腊奥林匹克运动会上就有了赛跑这个项目。根据考古学家发掘的古希腊运动场遗址考证，古希腊各地的竞技场地跑道长度约为 176～193 米。

古希腊人跑的技术尚未见到文字记载，从古希腊装饰陶器上所画的形象分析，古希腊人跑的姿势是上体前倾较大，腿抬得较高，落地前小腿有向前摆的动作，并且动作开阔，步幅较大。

短 跑

中　跑

　　中跑又叫作中距离赛跑，最初项目是880码跑和1英里跑，从19世纪中叶开始，880码跑和1英里跑项目逐渐被800米跑和1500米跑项目所替代。有的学者认为，中跑项目最早的正式比赛是1847年11月1日在英国伦敦举行的比赛，英国的利兰（John Leyland）以2分01秒的成绩获得800码跑冠军。运动员比赛时不使用起跑器，听信号统一起跑。奥运会比赛项目男、女均为800米跑和1500米跑，其中男子项目1896年列入；女子800米跑1928年列入，1500米跑1972年列入。

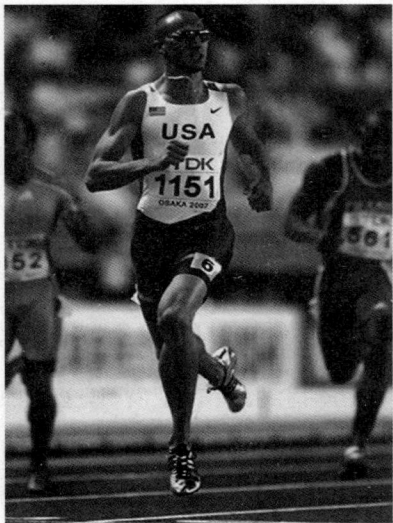

中　跑

长　跑

　　长跑又叫作长距离赛跑。最初项目为4英里、6英里跑，从19世纪中叶开始，逐渐被5000米跑和10000米跑替代。据记载，现代最早的正式长跑比赛是1847年4月5日在英国伦敦举行的职业比赛，英国的杰克逊以32分35秒的成绩夺得6英里跑冠军。奥运会比赛项目男、女均为 5000 米跑和 10000 米跑。男子项目 1912 年列入；女子 5000 米跑 1996 年列入，10000 米跑 1988 年年列入。

跨栏跑

跨栏跑运动起源于英国，由当时牧羊人跨越羊圈栅栏的游戏演变而来。跨栏跑最早使用的栏架是掩埋在地面上的木支架或栅栏，1900 年出现可移动的倒 T 字形栏架。1935 年有人将 T 形栏架改成 L 形栏架，L 形栏架支脚的另一端朝向运动员的跑进方向，稍加阻力即可向前翻倒，减轻了运动员过栏时的恐惧心理。

跨栏跑

接力跑

田径运动中惟一的集体项目。以队为单位，每队 4 人，每人跑相同距离。其起源有多种说法，有的认为起源于古代奥运会祭祀仪式中的火炬传递，有的认为与非洲盛行的"搬运木料"或"搬运水坛"游戏有关，也有的认为是从传递信件文书的邮驿演变而来。虽然接力跑的起源众说不一，但是这毫不影响这项运动项目的发展。作为比赛的一项重要项目，多年来一直被人们所喜爱。

障碍跑

　　障碍跑运动起源于 19 世纪的英国。这项运动最初在野外进行，跨越的障碍是树枝、河沟，各障碍间的距离也长短不一，从 19 世纪中叶开始在跑道上进行。有的研究报告指出，19 世纪时障碍跑的距离不统一，具有很大的随意性。

障碍跑

马拉松

　　公元前 490 年，希腊人和波斯人在雅典附近的一个小镇——马拉松进行了一场激烈的决定希腊命运的战争，结果希腊人取得了胜利。为了把胜利的消息尽快传达回首都，青年士兵费迪皮迪兹从马拉松一直跑回雅典。他在雅典城广场上向人们宣布"我们胜利了"的消息后，就因为精疲力竭而死去了。

　　为了纪念这位战士，在 1896 年的第一届现代奥运会上，举行了从马拉松跑到雅典的比赛，当时的路程约 40.2 千米，希腊人路易斯以 2 小时 58 分 50 秒的时间跑完了全程。

马拉松跑距离起初各自不一，直到 1908 年伦敦举办第四届奥运会时，为了方便英国皇族观看马拉松比赛，主办者把起点设在温莎宫广场，终点设在伦敦白城运动场的皇家看台前，经测量距离为 42.195 千米。此后国际奥委会为了标

马拉松跑

准距离不断讨论，直到 1924 年，国际田径联合会正式规定，将马拉松跑的距离确定为 42.195 千米。

PART 2 历史发展

短　跑

世界短跑运动的历史发展

短跑运动的发展有着百年的历史。在 1896 年的第一届现代奥林匹克运动会上，就有了男子 100 米和 400 米短跑比赛。第二届奥运会上有了男子 200 米短跑比赛，起初为直跑道起跑，后改为弯道起跑。

古希腊赛跑

前四届奥运会的 400 米跑是不分跑道的，但鉴于犯规现象时常发生，第五届 400 米决赛第一次开始分道进行比赛。

19 世纪末到 20 世纪初，人们普遍采用短跑技术"踏步式"跑法，后来芬兰人克里麦特率先采用了"迈步式"的短跑技术，从短跑技术上说，由"踏步式"向"迈步式"的发展，是一个很大的进步，使得短跑项目的成绩明显提高。

20 世纪 60 年代末期，塑胶跑道的使用，使短跑技术和运动成绩产生了很大的飞跃。1968 年在墨西哥奥运会上，美国运动员海因斯以 9 秒 95 的成绩打破了原联邦德国运动员阿明·哈里创造并保持了 8 年之久的 100 米 10 秒的世界纪录；200 米被列入比赛项目是在 1900 年的第二届奥运会上，当时成绩为 22 秒 2。到 1968 年，时间缩短到 19 秒 83。目前世界纪录男子 100 米和 200 米的世界纪录是牙买加短跑运动员的保持者尤塞恩·博尔特，在 2008 年第二十九届北京奥运会上，他分别以 100 米 9 秒 69，200 米 19 秒 30 的成绩，打破世界纪录。

男子 400 米从第一届奥运会起被列入正式比赛项目，当时的成绩为 54 秒 2，这个成绩是当时的美国运动员伯克创造的，到了 1936 年，德国的鲁·哈比希跑出了新纪录。1948 年之后，牙买加选手登上短跑的历史舞台，赫·迈肯利先后以

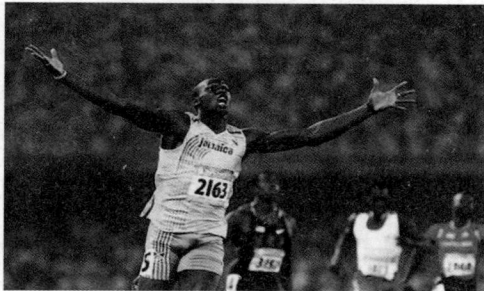

尤塞恩·博尔特

46 秒、45 秒 9 次改写世界纪录。1968 年李·伊万斯在墨西哥奥运会上跑出 43 秒 86 的成绩，人们惊呼这是"21 世纪的世界纪录"，20 年后的 1988 年 8 月 17 日在苏黎世，雷诺兹以 43 秒 29 的成绩，改写了男子 400 米世界纪录。到了 1999 年 8 月 26 日，约翰逊在西班牙塞维利亚第七届世锦赛上以 43 秒 18 打破了雷诺兹在 1988 年所创造的世界纪录，并一直保持至今。

女子参加短跑比赛是从 1928 年第九届奥运会开始的，当时 100 米纪录是 12 秒 2，到 1977 年创造了 10 秒 88 的世界纪录。女子 200 米比赛直到 1948 年第十四届奥运会才开始，到 1978 年提高到 22 秒 06 的成绩。目前，女子 100 米世界纪录是美国人格里菲斯·乔伊娜，在 1988

年 7 月 16 日美国的印第安那波利斯创造的，成绩是 10 秒 49；女子 200 米世界纪录也是由美国选手格里菲斯·乔伊娜在 1988 年汉城奥运会决赛中跑出的 21 秒 34。

女子 400 米是从第十八届奥运会开始的。70 年代后期开始，前东德选手马里塔·科赫接连三次以 49 秒 19、49 秒 02 和 48 秒 94 的成绩刷新自己保持的 400 米世界纪录。1979 年她两次将自己所保持的 400 米世界纪录提升到更高。1982 年的第十三届欧洲锦标赛中，她以 48 秒 16 的成绩第六次刷新 400 米世界纪录。1985 年 10 月 6 日，在堪培拉举行的第四届世界杯赛中，她以 47 秒 60 的成绩第七次刷新 400 米世界纪录，这一纪录一直保持至今。

刘翔"蹲踞式"起跑姿势

在第十一届奥运会以前，短跑运动员不使用起跑器，一直是在起跑道上挖穴起跑。到 1936 年，起跑器才被正式批准使用。体育研究人员和教练员对短跑的起跑器进行了大量的研究和改进，还根据运动员的形态、技术和素质状况的差异，设计出了如"普通式"、"拉长式"、"接近式"等起跑器的安装方法，使运动员在起跑时能够迅速、及时地摆脱静止状态，获得尽量大的起跑初速度。

20 世纪 80 年代的《田径规则》严格规定，短跑运动员在比赛中一律采用"蹲踞式"的起跑姿势，在"预备"口令发出后，运动员的四肢必须支撑地面，这种起跑姿势一直沿用至今。

中国短跑运动的历史发展

中国的短跑发展得比较缓慢，1932 年短跑运动员刘长春代表中国，参加了在美国举行的第十届奥运会，这也是中国运动员第一次参加奥运会比赛，由于 28 天的海浪颠簸，体力消耗较大，刘长春没能进入复赛，1936 年刘长春再次代表中国参加在柏林举行的第十一届奥运会，同样因旅途颠簸、恢复不及时，这次比赛同样没能晋级。虽然两次参加奥运会均未能进入复赛，然而正是由于这两次的参赛，中国向世人宣布了，奥运会中国人来了。

自从 1958 年"八一"田径队短跑运动员以 10 秒 6 的成绩打破了刘长春在 1933 所创造的 10 秒 7 纪录之后，中国男子短跑成绩有了大幅度的提高。1965 年四川选手在参加第二届全国运动会汇报表演赛上以 10 秒整的优异成绩（手记时）平了当时前联邦德国运动员哈里 1960 年所创造的男子 100 米世界纪录，这个事件轰动了世界体坛。

刘长春

中国短跑的飞速进步始于 2010 年亚运会，标志性事件是来自广西的短跑运动员劳义以 10 秒 24 赢得 100 米金牌，结束了中国人在亚运会 36 年无缘 100 米冠军的历史。

随后苏炳添、张培萌这两位生于 20 世纪 80 年代末的小将逐渐在世界体坛上崭露头角，并在良性竞争中双获丰收，苏炳添的 100 米最佳战绩由 2009 年的 10 秒 28 迅速提升到 2013 年的 10 秒 06，张培萌的 100 米最佳战绩由 2009 年的 10 秒 28 提升到 2013 年的 10 秒 04，两人的成绩已接近黄种人最高纪录 10 秒，距 9 秒 99 的亚洲纪录也只有分毫的差距，此前保持了 13 年的全国纪录 10 秒 17 已被远远抛在身后。

除 100 米外，60 米全国纪录和 200 米全国纪录也在近几年被接连打破，证明中国短跑的紧追快赶并非昙花一现。

在 2012 年举行的伦敦奥运会上，中国小将苏炳添在男子 100 米小组赛预赛中，以 10 秒 19 的个人第二好成绩晋级半决赛，这也是中国首次有人在奥运会上进入男子百米半决赛，创造了历史。

苏炳添在伦敦奥运赛会上

2013 年 7 月 12 日，17 岁的中国小将莫有雪在乌克兰顿涅茨克举行的 2013 年世少赛男子 100 米决赛中，以 10 秒 35 的成绩夺冠，成为历史上首个在世少赛上夺得男子百米冠军的中国运动员，创造了中国田径历史，改写了在前七届世少赛中国选手在该项目与奖牌无缘的历史。

虽然中国短跑运动在近几年取得了突飞猛进的成绩，得到了突破性的发展，但是与最顶尖的短跑高手相比，中国短跑还有很长的路要走。

中长跑

世界中长跑运动的历史发展

1896 年第一届奥运会在希腊雅典举行，作为竞赛项目，男子 800 米和 1500 米被列为竞赛项目。1912 年在第五届斯德哥尔摩奥运会上，男子 5000 米和 10000 米被列为比赛项目。而女子 800 米则是在 1928 年的荷兰阿姆斯特丹举行的第九届奥运会上被首次列为比赛项目的，只举行了一届，便由于有人认为不合适女子比赛而被取消。直到 1960 年罗马奥运会上才得到恢复。

1972 年在慕尼黑举行的奥运会上首次将女子 1500 米列入比赛项目。1975 年国际田联罗马会议上决定，从当年 5 月开始承认女子 3000 米世界纪录。从 1983 年起将女子 10000 米列入正式的比赛项目，1988 年汉城第二十四届奥运会首次设女子 10000 米比赛。女子 5000 米虽在世界各国广泛开展，但一直未被列为世界大赛的正式项目，直到 1994 年国际田联才以女子 5000 取代女子 3000 米跑。这样一来，女子中长跑项目同男子项目基本相同。

男子 800 米跑的第一个世界纪录创造于 1893 年，成绩是 2 分 05 秒。而女子 800 米跑的发展较晚，第一个女子 800 米跑的世界纪录在 1928 年才出现，成绩是 2 分 16 秒 08。由于赛后有很多运动员都表现出了体力不支的现象，医学界便因此认定女子不宜参加这类"长"距离的比赛，于是女子 800 米跑一度被禁 32 年。为避免运动员在起跑时发生碰撞情况，国际田联在 1959 年规定 800 米跑的前 300 米是分开赛道进行，后来才改变为 100 米分道进行。

男子 1500 米跑在 1896 年第一届雅典奥运会上便已经被列为了比赛项目，而女子 1500 米跑就发展较晚，在 1972 年第二十届奥运会上才被列为正式比赛项目，当时的成绩为 4 分 01 秒 4。现在的世界纪录是我国运动员曲云霞所保持的 3 分 50 秒 46。

男子 5000 米跑和 10000 米跑在 1912 年才成为奥运会比赛项目，并且都是由芬兰选手科勒赫迈宁包揽两项赛事的冠军。早期的奥运会，这类长跑项目是荷兰运动员独霸的，只有捷克的艾米尔·扎托贝克曾于 1948 年和 1952 年在这类长距离项目中夺得 4 金 1 银的好成绩。不过自 20 世纪 80 年代起，这类长跑项目便开始落入非洲运动员手中。

女子 3000 米跑、5000 米跑和 10000 米跑展开的时间并不是太久，

比赛中的曲云霞

女子3000米跑在1984年成为奥运会比赛项目，并且发生了一个插曲，当年的大热门美国选手玛丽·德克尔及代表英国出赛的南非籍选手佐拉·巴德在比赛进行中发生碰撞，致使美国选手玛丽·德克尔倒地受伤，并因此被迫放弃比赛，结果由罗马尼亚的普伊卡获得第一枚奥运会3000米跑金牌。

女子10000米跑在1988年奥运会成为比赛项目，由前苏联运动员邦达连科以31分05秒21的成绩夺得冠军，在1996年亚特兰大奥运会上，女子3000米最终被女子5000米跑所取代。目前女子3000米跑、5000米跑及10000米跑的世界纪录分别是8分06秒11、14分36秒45及29分31秒78；其中10000米跑纪录为中国选手王军霞所保持。

我国中长跑运动的历史发展

我国古代就已经有了长跑运动的记载，而且很多都与军事方面有着密切的关系。早在春秋时期，吴国就有以长跑选拔及训练的士兵，称为"利趾者"。在缺乏机动车辆的古代，选将练兵的条令中，经常把跑的能力作为一项重要的考核依据。古代军事家孙武强调"兵贵神速"，所以在协助吴王练兵的时候，就曾要求士兵全副军装，持着兵器，背着干粮，一日行军三百里来提高士兵的耐力素质。战国时期的另一名军事家吴起，在魏国带兵时，就身体力行带领士兵进行长跑练习，并采用奖赏的措施来推动军队的长跑训练。

我国古代的军事训练中，也常采用竞赛的方式，作为选拔军事人才的依据，当中最著名的就要算元朝的"贵由赤"长跑比赛。"贵由赤"

是蒙古音译，是快跑者的意思，也就是元统治者将善跑的兵士组成的一支禁军。统治者每年都会举行一次越野长跑比赛来校验"贵由赤"的训练，最先到达的三名优胜者更可获得奖赏。

现代田径运动在我国开展的较晚，19 世纪末纪外国传教士带入中国，1906 年京师大学堂第二次运动会设立了男子 600 米和 800 米比赛，1910 年旧中国第一届全国运动会中长跑仅设一项男子 800 米，到 1948 年旧中国第七届全国运动会中长跑项目仅有男子 800 米、1500 米和 10000 米。随着国际田联逐渐将女子长跑列入比赛项目，我国开始增加了女子中长跑项目。我国男子长跑在 20 世纪 80 年代进步较快，但没有很大的突破，女子中长跑由于"马家军"的出现，进步突出，1993 年中国中长跑运动员曲云霞先后在第四届世界田径锦标赛和第七届全国运动会上获得 3000 米金牌和 1500 米冠军，其中在第 7 届全国运动会上，她以 3 分 50 秒 46 的成绩打破了女子 1500 米世界纪录，轰动国际田坛，这一纪录一直保持至今。同时在第四届世界田径锦标赛上，我国运动员王军霞获得 10000 米金牌，同年在全运会上分别以 8 分 06 秒 11、29 分 31 秒 78 的好成绩打破了女子 3000 米和 10000 米的世界纪录，两项纪录均保持至今。两名运动员的出色表现，令世界田径界刮目相看。

在 1996 年的第二十六届奥运会上，王军霞获得女子 5000 米金牌、10000 米银牌；2004 年雅典奥运会上，中国选手邢慧娜继王军霞之后，又一次代表中国体育军团中长跑队夺得 10000 米金牌。

东方神鹿——王军霞

跨栏跑

世界跨栏跑的历史发展

跨越障碍物是人类在长期生产以及与自然作斗争中所形成的一种基本的生活技能。作为田径运动的跨栏跑，是由跨越障碍物的基本技能发展演变而来。

跨栏跑在 19 世纪最早出现于英国，当时叫障碍跑，是男子项目，采用一般的栅栏做障碍物。后来出现了埋在地上的木栏架，以后又改为像锯木柴用的支架。跨越这类障碍物，不但危险，而且还容易发生受害事故，而且也妨碍了跨栏跑技术的提高。

跨栏跑运动

20 世纪初，出现了可移动的倒 T 字形栏架，促进了跨栏技术的发展。1935 年比赛中采用了 L 形的栏架，栏架底部加重，栏板只要受到一定的冲撞力量，就会向前翻倒，栏架的这种结构，一直被沿用到现在。

1896 年第一届奥运会，跨栏跑运动被正式列为比赛项目之一，但不是 110 跨栏，而是 100 米的距离，设置 8 个栏架，栏高 1 米。当时的跨栏技术很不完善，与其说是跨栏不如说是跳栏，运动员前腿绕着过栏架，这次比赛共有 6 名运动员参加，还进行了预赛。参加决赛的 4

人中有两人缺席，最后美国选手柯蒂斯以 17 秒 6 的成绩获得冠军。

1900 年第二届运动会正式确立了 110 米跨栏比赛。这时的跨栏技术已经有所改进，创造了降低身体腾起高度、加快过栏速度的"跨栏步"技术。在这次运动会上，美国选手以 15 秒 4 秒的成绩获得冠军。目前的此项目的世界纪录为 12 秒 80，是由美国名将梅里特 2012 年在比利时布鲁塞尔进行的钻石联赛中创造，这打破了由古巴选手罗伯斯于 2008 年捷克的俄斯特拉发田径大奖赛男子 110 米栏的比赛中创造的 12 秒 87 的世界纪录。

男子 400 米栏是从 1900 年第二届运动会起开始增设的，当时的栏高 76.2 厘米，这届奥运会冠军是美国的运动员图克斯伯里，成绩为 57 秒 6。从 1904 年第三届奥运会开始，将栏高改为 91.1 厘米，美国选手希尔曼以 53 秒获得冠军。男子 400 米栏目前的世界纪录，是 1992 年 8 月 6 日，在巴塞罗那奥运会上，美国选手凯文·扬所创造的 46 秒 78。

女子跨栏跑运动最早出现于 20 世纪初，当时比赛用的栏架高度与栏间距离没有统一的规定，直到 1926 年国际田联才确定女子跨栏跑的比赛距离为 80 米，8 个栏架，栏高为 76.2 厘米。

1932 年第十届奥运会，女子 80 米栏被正式列为比赛项目。美国运动员迪德里克逊以 11 秒 7 的成绩获得冠军。1968 年国际田联决定将女子 80 米栏改为 100 米栏，栏架增设至 10 个，栏高增至 84 厘米。1972 年慕尼黑运动会女子 100 米栏正式被列为比赛项目。女子 400 米栏在 1973 年开始成为国际比赛项目，虽然开展的年代较晚，但成绩有着突飞猛进的发展。目前世界纪录是 2003 年 8 月俄罗斯选手佩琼金娜在俄罗斯田径锦标赛上所创造的 52 秒 34 的世界纪录，至今这一纪录依旧无人打破。

我国跨栏跑的历史发展

20 世纪初期，我国就开始有人从事跨栏跑运动。1900 年跨栏运动传入中国，1910年旧中国第一届全运会上，跨栏跑被列为正式比赛项目。男子400米栏是在1933年旧中国第五届全运会上被列为正式比赛项目的。

新中国成立之后，随着全国体育运动的蓬勃发展，跨栏跑运动的技术水平也得到了迅速提高，20世纪五六十年代，我国男女跨栏跑成绩突飞猛进，涌现出一大批优秀的跨栏运动员，当时，我国男子110米栏和女子80米栏的成绩均已经达到了世界先进水平。改革开放以后，尤其是20世纪90年代以来，我国跨栏跑教练员、运动员不畏强手、在学习外国先进跨栏跑技术与训练的同时，潜心探索、科学训练，使得我国跨栏跑成绩水平跻身世界先进水平的行列。

我国110米跨栏选手刘翔在2002年瑞士洛桑国际田联一级大奖赛上以13秒12的成绩打破男子110米栏亚洲纪录，排名世界第四。2003年第九届世界田径锦标赛男子110栏决赛中，我国两名运动员刘翔和史冬鹏双双站在了起跑线上，引起了世人的极大关注。结果刘翔以13秒23的成绩夺得了铜牌，实现了我国男子110米栏项目的历史性突破。

刘翔在竞赛中

在2004年雅典奥运会上刘翔12秒91的成绩平当时的世界纪录；2006年在瑞士洛桑田径超级大奖赛中，以12秒88打破了世界纪录。2012年6月3日，在国际田联钻石联赛尤金站110米栏比赛中，以12秒87的成绩摘得冠军。由于比赛时风速达到每秒顺风2米4，已经超出正常风速，刘翔这个成绩并没有被承认为平当时世界纪录，但却是有纪录以来，超风速情况下的世界最好成绩。

障碍跑

世界障碍跑的历史发展

19 世纪中叶，障碍跑这个项目首先在英国出现，第一次比赛是 1864 年在牛津大学举行。1900 年第二届奥运会时被列为正式比赛项目，以后几届奥运会比赛的距离，是在 2500 米到 4000 米之间，直到 1904 年奥运会才固定为 3000 米，国际田联直到 1954 年才开始承认其世界纪录。

女子障碍跑开展很晚，1999 年 7 月，国际田联批准女子 3000 米障碍跑项目为正式比赛项目，2002 年 4 月 13 日，国际田联在内华达召开的理事会上决定，在 2005 年世界田径锦标赛上增设女子 3000 米障碍跑项目；女子 3000 米障碍跑正式成为 2008 北京奥运会比赛项目。

目前女子 2000 米障碍赛跑的世界纪录为俄罗斯的玛琳娜·普鲁兹尼科娃，在 1994 年 7 月 25 日在圣彼得堡举行的第三届友好运动会上创造的 6 分 11 秒 84。女子 3000 米障碍赛跑的世界纪录为白俄罗斯的图洛娃 2002 年 7 月 27 日在波兰的格坦斯克创造的 9 分 16 秒 51。

男子 3000 米障碍跑从 2004 年开始，便由卡塔尔选手沙希恩称雄，虽然由于改变国籍不足一年而无缘雅典奥运，但在国际田联黄金联赛布鲁塞尔站的比赛中，世锦赛 3000 米障碍赛冠军、原籍肯尼亚的卡塔尔选手沙希恩向人们展示了自己的超人实力，他以 7 分 53 秒 64 的优异成绩刷新了由摩洛哥选手博拉米三年前在这里创造的 7 分 55 秒 28 的原世界纪录。这项纪录一直保持至今。

中国障碍跑的历史发展

我国障碍跑运动项目的开展比较晚，旧中国没有 3000 米障碍这个赛跑项目，新中国开展的也不是很普遍，直到 1956 年才开始列为正式比赛项目。

虽然近年来，我国男子障碍跑成绩呈现逐年提升的趋势，进一步缩短了我国与世界水平的差距，但是，我国在男子 3000 米障碍跑运动这方面仍然是任重道远。

2003 年我国开始在大奖赛和锦标赛上设立女子 3000 米障碍跑项目，在女子 3000 米障碍跑项目被确定为奥运项目后，我国加大了对该项目的投入，2006 年我国在该项目上得到了高速发展。但我国女子 3000 米障碍跑项目的竞技水平与先进国家还相差很大。

马拉松

世界马拉松跑的历史发展

现代马拉松赛作为一项具有较长比赛距离和最具观赏性的奥运会专门比赛项目，在奥运会比赛中占据举足轻重的地位。马拉松运动发展至今，已经形成了奥运会比赛项目与城市特色马拉松赛事兼有的态势，逐渐演变成一种独具特色的社

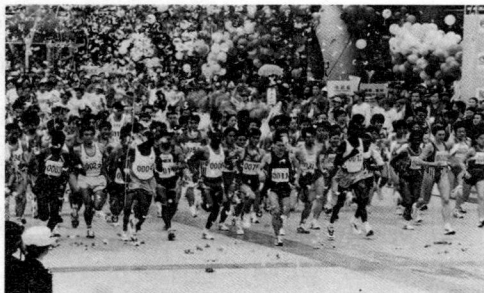

马拉松比赛

会活动。在赛事和规模不断增加的同时，参加主体也日趋多样化，不仅有高水平的专业运动员，还有大规模的人民群众，成为竞技体育和大众健身并重的典范。

1896年3月在希腊马拉松到雅典之间举行了一场马拉松锦标赛。同年4月首届奥运会时，顾拜旦采纳了历史学家布莱尔以这一史事设立一个比赛项目的建议，并定名为"马拉松"。比赛沿用当年费迪皮迪兹所跑的路线，距离约为40.2千米。此后十几年，马拉松跑的距离一直保持在40千米左右。1908年第4届奥运会在伦敦举行时，为方便英国王室人员观看马拉松赛，特意将起点设在温莎宫的阳台下，终点设在奥林匹克运动场内，起点到终点的距离经丈量为26英里385码，折合成42.195千米。国际田联后来将该距离确定为马拉松跑的标准距离。

第一届奥运会马拉松赛，参赛的选手仅有18名。最终希腊23岁选手路易斯获得了马拉松赛的首枚金牌，时间为2小时58分50秒，他的名字也因此载入了史册。从此，马拉松运动进入了一个崭新的发展时期，并随着现代奥运会和城市马拉松的举办，越来越受到人们的喜爱，逐渐风靡世界各地。

1896年首届奥运会后，马拉松赛在世界各地广泛举行，美国从1897年起举行波士顿马拉松赛，成为世界上历史最悠久的马拉松赛。

相对于男子马拉松运动，女子马拉松运动则开展的较晚，1984年第二十三届奥运会才被正式列入比赛项目。

由于马拉松比赛一般在室外进行，不确定因素较多，所以在2004年1月1日前，马拉松一直使用世界最好成绩，没有世界纪录。2004年1月1日，国际田联宣布了一项新决定：包括马拉松在内的公路赛跑和竞走项目将告别只有世界最好成绩的时代，开始拥有世界纪录。

国际田联宣布这个决定后，英国长跑女将拉德克利夫在2003年4月13日的伦敦马拉松赛上创造了2小时15分25秒的世界最好成绩，被正式认定为女子马拉松项目的世界纪录。她本人也被认定为世界纪录的保持者。男子马拉松世界纪录成绩，则是埃塞俄比亚选手格布雷塞拉西在 2008 年 9 月 28 日的柏林马拉松赛上创造的 2 小时 3 分 39 秒。

我国马拉松跑的历史发展

我国马拉松起步较晚，新中国成立之后才开始开展的，在首次举行的马拉松赛上，来自内蒙古的张云程获得了冠军，当时的成绩是 2 小时 29 分 55 秒 8。

之后，我国马拉松选手水平不断提高，向当时的世界先进水平迈进了一大步。我国运动员在 1988 年汉城举行的奥运会上获得了马拉松跑的第五名，进入了当年马拉松赛世界前十名。这也表明了我国马拉松运动正在向着世界先进水平迈进。

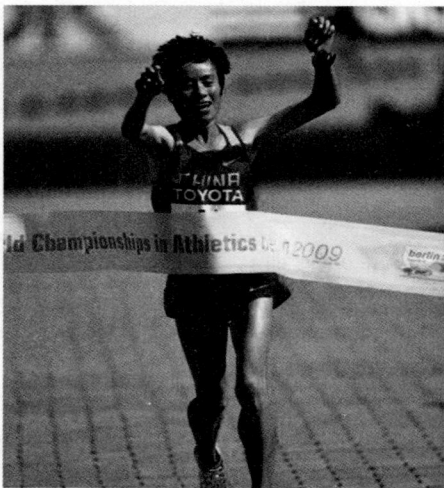

白雪冲过终点线

2007 年在大阪举行的世锦赛上，中国选手周春秀以优异的成绩获得了一枚银牌，这是中国参加锦标赛以来，女子马拉松项目获得的第一枚奖牌。2008 年在厦门举行的国际马拉松赛上，中国长跑选手白雪以一鸣惊人的出色表现，跑出了 2 小时 23 分 27 秒的高水平，此成绩排在了当年该项目世界第七。

2009 年第十二届世界田径锦标赛上，白雪以 2 小时 25 分 15 秒的成绩夺得女子马拉松冠军，这不仅是中国女子马拉松的世锦赛首金，也是中国整个马拉松历史上的首金。这个结果告诉世人，中国马拉松运动正在逐步向着世界水平迈进。

PART 3 竞赛规则

参赛运动员资格

合格运动员的比赛限制

①只有在国际田联会员协会管辖之下并符合规则规定的运动员，才有资格参加根据国际田联规则举行的比赛。

②按国际田联规定举办的比赛，由会员协会确保其参赛运动员的有效资格。

③会员协会所制定的有关运动员资格的规定，必须符合国际田联相关规则。任何会员协会的章程、规定中，不得有与国际田联有关运动员资格的规则相冲突的内容。如果会员协会关于运动员资格问题的规定与国际田联的相关规定相冲突，则以国际田联的规则为准。

失去参加国际或国内比赛资格

①所属国家协会正处于国际田联暂停会员资格处罚中的任何一人。这一条不适用于受处罚的国家协会在国内为其公民举办的国内比赛。

②在已知情的前提下，仍与没有资格参加国际田联规定比赛的运动员一起比赛，或参加在被暂停会籍的会员协会所辖地区举办的比赛。这

一条不适用老将田径比赛（35 岁以上）。

③参加未经比赛举办国、地区的国际田联会员协会批准、承认或认可的任何田径比赛的运动员。

④被本国协会和国际田联取消参赛资格的运动员。

⑤违反反兴奋剂规定的运动员。

⑥参加或做出口头或书面声明，涉及违反国际田联规则，或做出其他具有侮辱性、不道德或可能有损于田径运动名誉行为的运动员。

⑦违反国际田联规则的有关规定，已被宣布取消资格的运动员。

⑧违反国际田联有关运动员代理人有关规则的运动员。

⑨违反国际田联有关赛事广告和展示有关规定的运动员。

竞赛项目规则

短跑及中、长跑

名次判定

在田径运动会中，所有赛跑项目（包括跨栏及接力跑），都属于径赛项目。参赛者的名次，乃决定于其身体躯干（有别于头、颈、臂、腿、手或足）抵达终点内侧之垂直线为止时的顺序。径赛成绩相同而影响进入下一赛次时，若情况许可，均予以取录，否则应予重赛。在决赛中成绩同是第一，总裁判有权决定是否重赛，若认为毋须重赛，则维持赛果；至于其他名次，就算成绩相同，也不需要重赛。

短跑及中、长跑起跑

发令员口令为"各就位"、"预备"，最后发令枪响。在"各就位"及"预备"口令之后，参赛者应立即完成有关动作，否则属起跑犯规。

如果有运动员抢跑，发令员就会宣布起跑犯规。对第一次起跑犯规的运动员应给予警告，除了全能项目之外，每项比赛只允许一次起跑犯规而运动员不被取消资格，之后每次起跑犯规的运动员均将被取消该项目的比赛资格。

全能比赛中，如果一名运动员两次起跑犯规，将被取消比赛资格。

除此以外，在"各就位"口令发出后，以声音或动作扰乱他人，也判为起跑犯规。在枪声响起前有任何起跑动作，均属起跑犯规。如因仪器或其他原因而非运动员造成的起跑，应向所有运动员出示绿牌。

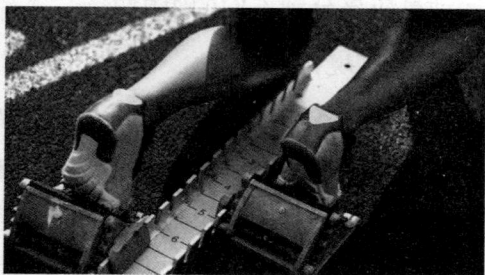

起　跑

400米以上（不含400米）的径赛项目，均采取站立式起跑。发令员口令为"各就位"，当所有参赛者在起跑线后准备妥当静止后，便可鸣枪开始比赛。

碰撞、阻碍

在划分线道进行的径赛项目或其部分中，参赛者不得越出其指定之赛道，否则会被取消资格。在任何径赛项目中，若冲撞、突然切入或阻碍其他参赛者，亦会被取消资格。反过来说，若任何参赛者被推或迫离指定之赛道，只要未获得实际利益，不必取消其参赛资格。同样情况，任何参赛者在直道中越出其跑道或在弯道中越出其跑道之外侧，只要没有得益及未有阻碍他人，亦不算犯规。

分轮和分组

径赛一般分为第一轮、第二轮、半决赛和决赛四个赛次。而赛次的安排和分组，以及每一赛次的录取人数等，将根据报名参加比赛的人数决定。每组比赛的前两名赛跑运动员可以进入下一轮比赛，在很多比赛项目中小组第三也可以出线。预备赛采用交叉排序法排定分组的结果，这种方法规定按成绩排名，将排名靠前的运动员平均分配到不同的小组中去。成绩排名是根据运动员在上赛季的最好成绩排出的。在其后的各轮比赛中，分组依据运动员在前一轮的比赛成绩。如果可能，相同国家运动员应该分到不同的组中去。

跑道规则

运动员在所有短跑比赛、110 米跨栏和 4×100 米接力赛中自始至终都必须留在自己的跑道里。800 米和 4×400 米接力赛起跑是在自己的跑道里，直到运动员通过标志可以串道的分离线，才能离开自己的跑道。在小组第一轮比赛中，运动员被排在哪一个跑道上是由计算机自由排列出来的。其后的各轮比赛，跑道的选择依据运动员在上一轮的比赛成绩而定。这个规则的目标是让更优秀的运动员可以排在靠中间的跑道上，好的跑道是第 3、4、5、6 号跑道，它们应由排名前 4 位的运动员分别占据。第 1、2、7、8 道则由后 4 名占据。

获胜

胜者是第一个身体触到终点线的运动员。如果两个运动员竞争进入下一轮的权利，在比赛中两人撞线时间相差少于千分之一秒则两人可以同时进入下一轮。如果时间差的测量实现不了，就由抽签决定谁进入下一轮。如果决赛中出现这样的情况，裁判可以安排两名运动员单独重新比赛一次，如果这样不可行就产生并列冠军。

风速

在短跑或跨栏比赛中如果顺风风速超过 2 米/秒（7.2 公里/秒），那么比赛创造的成绩就不能成为新的世界纪录。

环形跑道

环形跑道是椭圆形的，有 400 米长，内部划着跑道线。环形跑道内沿有 5 厘米高的边线，跑道线之间间距 1.22 米到 1.25 米。赛跑按逆时针方向进行，环形跑道从内向外依次是第 1 至 8 号跑道。

起跑器规定

在赛跑项目比赛中，400 米及 400 米以下（包含 4×200 米和 4×400 米接力的第一棒）各项径赛的起跑必须使用起跑器。其他径赛项目不得使用起跑器。在跑道上安装起跑器时，起跑器的任何部分不得触及起跑线或延伸至其他分道上。

标记

除分道接力赛跑之外，运动员不得在跑道上做标记，也不得在跑道上或沿跑道放置对自己有帮助的标志物。

跨栏跑

跨栏

各参赛者必须在自己的线道内完成比赛，而且当参赛者跨越栏架时，若其腿或足从低于栏架顶的水平线跨越，或跨越并非自己赛道上的栏架，均应被取消资格。若裁判员认为参赛者故意以手或足撞倒任何栏架，亦应取消其参赛资格。

奥运会比赛项目分男子 110 米跨栏跑、400 米跨栏跑；女子 100 米跨栏跑、400 米跨栏跑。男子 110 米跨栏跑的栏高为 106 厘米，400 米跨栏跑的栏高为 91.4 厘米；女子 100 米跨栏跑的栏高为 84 厘米，400 米跨栏跑的栏高为 76.2 厘米。比赛时，运动员必须跨越 10 个栏架，除故意用手推或用脚踢倒栏架外，身体其他部位碰倒栏架不算犯规。

接力跑

4×100 米接力跑是分道进行的，接棒者可以在接力区前 10 米内起跑。

在 4×400 米接力跑中，第一棒全程及第二棒的第一弯道是分道跑，第二棒运动员要跑至抢道线后方可自由抢道。第一棒的传接必须在参赛者指定的跑道内进行，其余各棒的传接，裁判员根据第二及第三棒运动员通过 200 米起点处的先后，按次序让其第三及第四棒的队友在接力区内，由内至外排列等候接棒。所有接棒者均不可在接力区外起跑。

当接力跑的全程或第一棒为分道跑时，运动员可在自己分道内用胶布做一个标志，其最大尺寸为 5 厘米 ×40 厘米，颜色应明显区别于跑道上其他永久性标志。不许用粉笔或其他任何擦不掉痕迹的类似物质，不得使用其他标志物。

运动员接棒瞬间

运动员必须手持接力棒跑完全程。不允许运动员带手套或在手上放置某些物质，以便更好地抓握接力棒。如发生掉棒，必须由掉棒运动员自己捡起。允许掉棒运动员离开自己的分道捡棒，但不得因此缩短比赛距离。更不能因此而妨碍其他运动员。

在所有接力赛中，运动员都必须在 20 米的接力区内传递接力棒。接力棒的传递开始于接力棒第一次触及接棒运动员，只有接棒运动员手持接力棒的瞬间才算完成传递。仅以接力棒的位置决定是否在接力区完成接力，而不取决于运动员的身体或四肢的位置，如果在接力区外传接棒将被取消比赛资格。完成接棒后，运动员必须留在本队的跑道中直到各队交接棒完成，否则会被取消比赛资格。

运动员在比赛中，不能得到别人的帮助，凡是通过推动跑或采用其他方法受到帮助，应取消该队的比赛资格。

参加接力比赛任何轮次的 4 名运动员，可以是报名参加比赛的任何运动员，包括参加其他项目比赛的运动员。但是，一旦接力队开始比赛，只允许该队有 2 人作为替补队员参加比赛。如果违反这条规定，将取消该队比赛资格。

接力队的队员和各棒的顺序，须在每一赛次第一组的第一次检录前至少 1 小时正式申报。如再次变动，必须经由组委会任命的一名医务官员进行验证，但也只能在该接力队所在组的最后一次检录之前提出。如果违反这条规定，将被取消比赛资格。

障碍跑

标准距离

障碍赛的标准距离为 2000 米和 3000 米。

竞赛规则

3000 米障碍跑，必须越过 28 次栏架和越过 7 次水池；2000 米障碍跑必须越过 18 次栏架和越过 5 次水池。

在第一次过终点线之后，3000 米障碍跑每整圈应设 5 个障碍，水池栏架为其中 4 个障碍。障碍应均匀分布，各个障碍之间的距离约为一圈标准长度的五分之一。2000 米障碍跑，如水池设在跑道内，则在通过终点两次后每个整圈设 5 个障碍。

在 3000 米障碍跑中，从起点至第一圈开始处之间不放置障碍栏架，待运动员进入第一圈后再在这段距离内放置。在 2000 米障碍跑中，第一个要跨越的是常规圈中的第三个障碍栏架，此前的栏架在运动员第一次跑过时要移开。

障碍架

障碍架高度，男子应为 0.914 米，女子应为 0.762 米（±0.3 厘米），男子栏架的宽度至少为 3.94 米，所有栏架顶端横木的横截面应为

12.7 厘米 × 12.7 厘米。

水池边栏架的宽度应为 3.66 米（±0.02 米），应牢固地固定在地面上，栏架不能有任何水平方向的移动。

障碍栏架的顶端横木应漆成黑白相间的条纹或其他强烈醒目的对比颜色（要与周围的颜色区分开），横木两端为浅色条纹，宽度至少为 22.5 厘米。

栏架重量为 80～100 千克。栏架两边各装有一个底座支架，其长度为 1.2～1.4 米。放置栏架时，应使顶端横木的一端伸入跑道内沿以内 30 厘米。

水池

水池包括水池边栏架，长度应为 3.66 米（±2 厘米），水池宽度应为 3.66 米（±2 厘米）。

水池垫布应铺设有足够厚度的人工合成材料或垫子，保证运动员落地安全并使钉鞋抓牢地面。在水池前端的跑道起始处，水面应与跑道表面齐平，最多不能低于 2 厘米。靠近栏架一侧的池底深 70 厘米。池壁前为 30 厘米宽的水平池底，然后均匀地升高呈斜坡状，直至远端与跑道地面齐平。

运动员在比赛中必须要越过或涉过水面，如果没有成功跨越一个或多个栏架，或在越水池时踏上水池两边的任意一边，或在过栏瞬间其脚或腿低于栏顶水平面。出现以上三种任何一种情况，运动员都将被取消比赛资格。

马拉松跑

赛跑路线

马拉松项目与其他跑道项目不同，运动员要在裁判的监督下沿正确的路线比赛，如有特殊原因，可在裁判员的监督下离开赛跑路线，但如果不在监督下离开就会失掉比赛资格。

起跑

马拉松赛项目是个人参赛并且不需要选拔赛。当发令员召集运动员到出发线以后，运动员可以在出发线上自由选择出发位置。发令员枪响以后比赛开始，任何人两次抢跑都会被罚失去比赛资格。

取胜

谁的身体第一个触到终点线，谁就是比赛的第一名。

场外帮助

与其他赛跑项目比赛不同的是，马拉松参赛者在比赛过程中可以得到场外的帮助，但对此有严格的规定。在比赛的起点和终点都提供水和其他饮料，饮料站在比赛路线上每隔5千米设置一个。饮料放在运动员经过时很容易拿到的地方。运动员可以准备自己的用水，并且可以提议在他们要求的地方设置饮料站。饮用水和湿海绵提供站设置在两个饮料站之间。在那里长跑运动员和竞走运动员经过时可以取到饮用水，还可以从海绵中挤水冲洗头部，起到冷却作用。除了已经设置的站点之外，运动员不能从比赛线路上其他地方获得饮料。

服装、鞋和号码规则

服装

各个项目参赛的运动员必须穿着干净的服装，其设计样式和穿着方式应无碍观瞻，服装的材料浸湿的时不得透明。运动员不得穿着可能有碍于裁判员观察的服装。运动员的比赛上衣应前后颜色一致。

在国际正式比赛中，参赛运动员应穿着本国主管部门正式批准的统一服装；在俱乐部杯比赛中，参赛运动员应穿着本国主管部门批准的正式国家队或俱乐部服装。发奖仪式和运动员获胜后绕场活动均应视为该比赛的一部分，也应该严格遵守这一规定。

参加国内一类田径比赛，运动员必须穿着印有代表单位名称的统一服装。

鞋

运动员可以赤脚、单脚或双脚穿鞋参加比赛，穿鞋比赛的目的是为了使双脚得到保护和稳定并牢固地抓住地面。不得使鞋的结构为运动员提供任何额外的助力，不得附加任何种类的技术装置，以使穿着者得到任何不公平的有利条件。允许在鞋面上加一根鞋带。各种类型的比赛用鞋必须得到国际田联的批准。

1. 鞋钉数量

鞋掌和鞋跟的构造至多可安装 11 枚鞋钉，凡不超过 11 枚鞋钉的运动员鞋均可使用。

2. 鞋钉尺寸

在塑胶跑道上举行的比赛，鞋钉在鞋掌或鞋跟外突出的部分，其长度不得超过 9 毫米。

3. 鞋掌与鞋跟

鞋掌和鞋跟可有沟、脊、花纹和凸起，但这些部分均应采用与鞋掌底部相同或类似的材料制成。

号码

比赛组织单位应为每名运动员提供两块号码布，将其分别佩戴在胸前和后背的显著位置。号码必须与秩序册中的号码一致。如在比赛时穿着训练服，则必须按相同规定佩戴号码。只有在参加以下比赛号码布上可印运动员的名字或其他标志。

①世界田径巡回赛所包含的国际邀请赛；

②地区锦标赛和由地区协会组织的其他地区内的比赛；

③只限于一个单独地区参赛的区或多国集团的田径锦标赛；

④在来自同一地区的两个或以上的不同会员协会或联合体的代表队之间举行的对抗赛。

运动员佩戴号码布必须依其原样，不得以任何形式剪裁、折叠或遮挡。在长距离项目中，可在号码布上打孔以利于空气流动，但不得在号码布的文字或数字上打孔。

凡是采用终点摄影装置的比赛，大会组委会应要求运动员在短裤侧面佩戴胶带式号码。不按照规定佩戴号码的运动者，不得参加比赛。

跑道测量规则

①标准跑道全长应为 400 米，应由两个平行的直道和两个半径相等的弯道组成。跑道内侧应用适宜材料制成的突沿加以分界。突沿高约 5 厘米，宽至少 5 厘米。

②如果应举行田赛项目而需要临时移动突沿的一部分，则应用 5 厘米宽的白线标出原突沿位置，并在白线上放置锥形物或小旗，其高度至少 20 厘米，间隔至多 4 米，锥形物的底座边沿或小旗的旗杆应与白线外沿重合，以防止运动员在白线上跑（标志旗应朝向跑道内侧与地面成60°）。这条规定同样适用于 3000 米障碍赛跑中运动员从主跑道转向跨越水池所跑的那部分跑道。

③应该在跑道突沿外沿以外 30 厘米处测量跑道长度。如无内突沿，则应在标志线外沿以外 20 厘米处进行测量。

④赛跑的距离应从起跑线后沿，也就是离终点线较远的边沿量至终点线后沿，也就是离起跑线较近的边沿。

⑤400 米及 400 以下各项径赛，每位运动员应占有一条分道，分道宽应为 1.22 米 ±0.01 米，分道线宽 5 厘米，所有分道宽应相同。第一分道的长度，应该在跑道突沿外沿以外 30 厘米处测量跑道长度。如无内突沿，则应在标志线外沿以外 20 厘米处进行测量。其他分道的长度应在其内侧分道线外沿以外 20 厘米处进行测量。

⑥跑道的左右倾斜度最大不得超过 1∶100，在跑进方向上的向下倾斜度不得超过 1∶1000。

PART 4　场地设施

赛跑项目场地

半圆式田径场地的平面结构

半圆式田径场地的跑道是两个相同半径的半圆式弯道和两个直道所组成的。

1. 纵轴线

半圆式田径场地的纵轴线应为南北走向，以便于减少阳光斜射对直道上比赛的影响，它位于场地中线，是绘图和修建场地的基准线。

半圆式田径场地

2. 基准线

田径场内有一些特殊的固定点，在丈量和画线时以它们为基准，称为"基准点"。通常采用"六基准点"丈量法时，以跑道各直、曲段分界线交于跑道内突沿的分界点为第一、第二、第三、第四基准点，田径运动场地纵轴交于跑道内突沿的分界点为第五、第六基准点。

3. 圆心

半圆式田径场有两个圆心，都在纵轴线上，为南北两个半圆的圆心，它是圆内、外沿和各条分道线的基准点，两圆心之间在纵轴线上的距离等于直段长度。

4. 内突沿和外突沿

内突沿和外突沿分别是跑道内侧、外侧突起的边沿，宽度不小于5厘米，高度等于5厘米，其宽度不计入跑道的宽度之内。

5. 直、曲段分界线

直、曲段分界线是跑道直道和弯道交于跑道内、外突沿的分界线，垂直于纵轴线并通过圆心，它们是丈量和画径赛个项目起跑线、抢道线、接力区和确定各栏位置及障碍栏架位置的基准线。

在半圆式田径跑道结构的描述中，通常把终点处的直、曲段分界线称为第一直、曲段分界线，其余的按逆时针方向依次为第二、第三、第四直、曲段分界线。这4条分界线是测量跑道的基准线，通常在跑道的内、外突沿上标出准确的标志。第一、第二分界线之间的弯道通常称为第一弯道，第三、第四分界线之间的弯道称为第二弯道。

6. 直段和直道

直段是直、曲段分界线之间的两段直道。直道包括直段和直段两端延长的直道段落，统称为直道。

7. 分道线

室外田径场跑道的分道宽为1.22米±0.01米，分道线是相邻两条分道之间的界线，宽度为5厘米，分道线宽度包括在内侧分道的宽度之内。

8. 跑道宽和分道宽

跑道宽是指跑道内突沿外突沿内沿之间的宽度，即各分道宽度之和，也称跑道总宽。分道宽是指每一条分道的宽度，即从各个分道内突沿或内侧分道线的外沿到外侧分道线的外沿之间的宽度。

9. 计算线

计算线是用来计算各分道线周长的"实跑线"，根据《田径竞赛规则》规定，第一分道计算线的周长应距内突沿的内沿0.3米处计算，其余各分道弯道计算线的周长，应距左侧分道线的外沿0.2米处计算。

10. 位线

位线也称位置线，它包括各种距离的起点线、集合线、终点线、接力区前后沿线、4×100米接力区预跑线、抢道线等，其线宽均为5厘米。

半圆式径赛场地的标准

标准半圆式径赛场地第一分道计算线周长为400米，直道应有8～9条分道，弯道应有8条分道。分道宽为1.22米，各分道线宽均为5厘米，跑道左右倾斜度不得超过1：100，跑道方向的前后倾斜度不得超过其长度的1：1000。

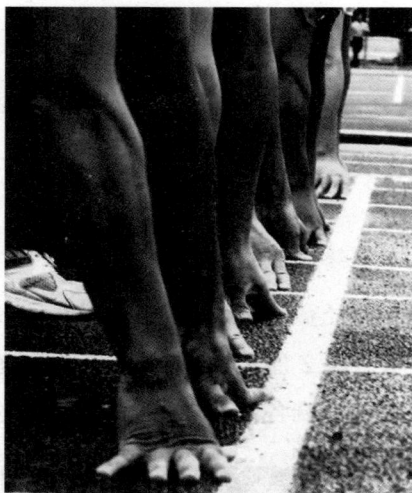

起跑线

田径场地的布局

①要符合田径竞赛规则的关于田径运动场地的相关规定与要求。

②尽量减少径赛与田赛项目之间的相互干扰。

③合理布置给水、排水道的走向，以有利于使用和保养。

④教学与训练场地应尽可能利用空地与空间设置较多的田赛练习场地，竞赛场地应考虑竞技与观赏运动的原则，规范竞技比赛场地的模式进行合理布局。

⑤场地的纵轴线应为南北走向，以便于减少阳光斜射时对直道上运动竞赛的影响。

赛场项目设施器材

终点柱

径赛场地设施。为用坚固材料制成的立柱，高约 1.4 米，宽 8 厘米，厚 2 厘米，白色，至少距终点跑道两侧突沿 30 厘米，终点线延长线的两端各置一个，用以表示终点线的终端。

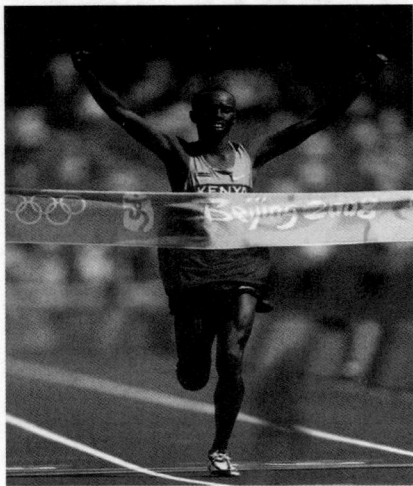

终点带

终点带

径赛场地设施。系于终点柱之间的一条白绒线，用以表示终点线的终端。与地面平行，并与终点线后沿在同一垂直面上。离地面高度，男子为 1.22 米，女子为 1.06 米。由于风向、风速的原因，终点线不能拉直时，可取消。若使用全自动电子计时器，则不用终点线。

栏架

径赛跨栏赛的器材。由金属或木质材料制成，顶端横木系木料或其他适宜材料。由两个座脚、两根柱将一条长方形栏板支撑起来，栏架的总重量不少于 10 公斤。当栏板中段在受到 3.6～4 公斤的推力时，栏架能被推倒的就属合格。其高度可调节。栏架最大宽度为 1.2 米，底座长 0.7 厘米；栏顶横木宽 7 厘米，厚度为 1～2.5 厘米，顶部横木的边缘应抹圆。栏板一般漆成黑白相间的两色，两端为白色条纹，条纹宽度至少 22.5 厘米。在跑道上放置栏架时，底座两脚应指向起点的方向。女子 100 米栏架的标准高度为 0.84 米；400 米栏架的标准高度为 0.762 米；男子 110 米栏架的标准高度为 1.067 米，400 米栏架的标准高度为 0.914 米。

栏　架

起跑器

径赛短跑的起跑装置。用于 400 米跑及其以下的短跑项目。一般由坚固的金属材料制成，包括两块抵脚板和一个固定抵脚板的框架，并不妨碍运动员双脚蹬离动作。抵脚板板面呈平形、凹形或有槽，上覆适合钉鞋使用的物质，位置和角度可调整。使用时，钉在起跑线后面，能牢固支撑两脚掌，以便充分发挥后蹬力量，迅速起跑。但在起跑器上，不得附有有弹力的物质或使运动员得到任何助力的其他装置。在较大规模的正式比赛中，运动员只准使用经比赛组织者审查批准的起跑器。在塑胶跑道上比赛，只能使用比赛组织者提供的起跑器。

起跑器

接力棒

径赛器材，是接力赛跑用的棍棒。一般由整段木料、金属或其他适当的坚实材料制成。长 28～30 厘米，周长 12～13 厘米，重量不少于 50 克，并有明显可见的颜色。

跑道

径赛场地设备。因建筑材料的不同，可分塑胶跑道和煤屑跑道两类：

1. 塑胶跑道

一种以塑胶为主要材料建成的合成跑道，出现于 20 世纪 60 年代末期，一般以混凝土或沥青路面为基础，表面铺盖 12 ~ 20 毫米厚的塑胶。塑胶由高分子化合而成，具有质地硬、弹性大等优点，运动员在这种跑道上赛跑会产生较大的摩擦力，后蹬效果好，能量损失小，因此有助于运动员创造最理想的成绩。

塑胶跑道

2. 煤屑跑道

一种以煤屑为主要材料建造的跑道。一般分三层，下层为基础层，用碎石或块状煤渣等材料铺筑，压实后的厚度为 10 ~ 15 厘米；中层为弹性层又分为两层，中下层由矿石渣或煤渣填筑，厚度为 8 ~ 10 厘米，中上层用煤泥或棉籽皮铺筑，厚度为 2 ~ 3 厘米；最上层为表层，用混合材料铺筑，一般是用煤渣、黑土和黏土细粒混合后铺建，煤渣约占 60%，黏土和黑土各约占 20%，厚度在 6 ~ 8 厘米之间。煤屑跑道所用材料比较经济，但易受阴雨等气候的影响，弹性比塑胶跑道差，不利于运动员发挥最佳运动水平。

跑道全长不得少于 400 米，全宽至少为 7.32 米。一般设 6 ~ 10 条分道，分道宽度为 1.22 米或 1.25 米（包括左边 5 厘米宽的分道线）。计算第一分道周长时，从实跑线（即内突沿 30 厘米处）起算，第二分道及其以外各道的周长，均从分道线的外沿 20 厘米处起算。

若该场地无内突沿，则全部分道从分道线外沿 20 厘米处起算。无论分道跑还是不分道跑的径赛项目，其起点因项目的不同而有差异。但起点线宽均属比赛距离之内，终点线的宽度均属比赛距离以外。跑道内沿用水泥、木料或其他适当材料筑成了高出跑道约 5 厘米、宽至少 5 厘米的突沿（如能排水，突沿最高不超过 6.5 厘米）。如跑道内侧不筑突沿，则应设宽 5 厘米的标志线。倘系草地跑道，则应每隔 5 厘米插一标志旗，为防运动员踩线，旗应插在线上，并向场地倾斜，与地面成 60°。

障碍赛跑水池

径赛中障碍赛跑的器材。用水泥砌成，长、宽（包括栏架在内）均为 3.66 米，池水应与跑道地面齐平，靠近栏架一侧的池底，池壁前为 30 厘米宽的平底，最深处为 70 厘米。池底筑成斜坡形，前沿与地面齐平，池底远端斜面铺上防滑垫

障碍跑水池

子，后沿置一栏架。栏架应安置牢固，高度同其他栏架。运动员必须越过栏或过水面。凡踏在水池两边的任一边或在过栏瞬间其脚或腿低于栏架顶端水平面者，均取消其比赛资格。

障碍栏架

径赛中障碍赛跑的器材。由坚硬的木料制作，形同跨栏赛跑的栏架。高度应为 0.914 米（公差为 ±3 毫米），宽 3.96 米（水池边的栏架宽 3.66 米），栏顶横木截面规格 12.7 厘米 × 12.7 厘米，底座长 1.2 米至 1.4 米，全重在 80~100 千克之间。放置栏架时，应使其横木一端深入到跑道内沿以内的 0.3 米处。

抢道标志线

径赛场地设施。设于第一个弯道末端转入直道处的一条白线。宽 5 厘米，两端各插一小旗为标志，旗杆高度不低于 1.5 米。800 米跑、4×400 米和 4×200 米接力跑等径赛项目，外道运动员必须通过此标志线后，始可切入里道。

抢道标志

全自动终点摄影计时系统

全自动终点摄影计时装置必须从发令员的枪或经批准的类似装置启动开始计时，在该系统中拍摄的图像必须与计时系统同步，且可精确到 1/1000 秒。

径赛成绩实时显示牌

径赛成绩实时显示牌

显示牌与自动终点摄影计时系统相连接，可以同步显示每组第一名成绩、实时成绩和分段成绩，便于观众了解比赛进程与结果。

PART 5 项目术语

100 米低栏

女子径赛项目之一。全程 10 个栏，栏高 84 厘米。起跑线至第一栏为 13 米，一般跑 8 步，栏间距为 8.5 米，最后一栏至终点为 10.5 米。由于栏架不高，过栏时身体重心不需要过高地上升，全程跑身体重心起伏较小，动作自然，接近平跑技术。过栏时，起跨腿一侧的髋关节始终高于膝关节，自然地沿小弧线提拉起跨腿过栏。

110 米高栏

男子径赛项目之一。全程 10 个栏，栏高 106.7 厘米。起跑线至第一栏为 13.72 米，栏间距为 9.14 米，最后栏至终点为 14.02 米。栏间一般跑 3 步。起跑后，一般 8 步后开始跨栏，栏前最后一步短于前一步，用起跨腿脚掌外侧在靠近身体重心投影处着地，起跨点离栏 2～2.2 米，起跨前身体重心不可降低，腰要挺直，髋要前移，上体微前倾。摆动腿在体后充分折叠大小腿，大腿上抬积极前摆。起跨腿用力蹬地，使髋、膝、踝等关节充分展开，使上体和起跨腿成一直线，腾空后摆动腿的小腿及异侧臂迅速伸向栏板，上体前压。当摆动腿超过栏板时，起跨腿屈膝外展，快速跨过栏架。

80 米低栏

女子少年赛项目之一。全程 8 个栏，栏高 76.2 厘米。起跑线至第一栏为 12 米，栏间距 7.5 米，最后一栏至终点为 15.5 米。其技术要求同 100 米低栏。

400 米栏

男女径赛项目之一。最初为男子项目，称为"400 米中栏"，栏高 91.4 厘米。起跑线至第一栏为 45 米，一般男子跑 21~24 步，栏间距离为 35 米，最后栏至终点为 40 米。1973 年 400 米栏被列为女子国际比赛项目，1984 年第二十三届奥运会上被列为女子正式比赛项目。栏高 76.2 厘米，栏间距离与男子相同，400 米栏架较低，跨栏步技术不太复杂，但栏间距离和全程距离较长，对跑的节奏和 400 米跑的专项耐力要求较高。要求运动员要具有较强的目测和速度感，以便对步幅和步速加以调整。

小步跑

也称"碎步跑"，径赛运动技术，是跑的一种专门性练习技术，可提高关节灵活性和动作频率。动作要领是上体稍向前倾，膝、踝关节放松，重心高抬，骨盆前挺，全身舒展。大腿抬起后积极下压，小腿顺下压的惯性前摆，用前脚掌积极着地，完成"趴地"动作，并迅速伸直踝、膝、髋三个关节，同时两臂屈肘，配合两腿动作，做前后摆动。节奏可先慢后快，并可由原地过渡到行进间做，以及加快频率过渡到加速跑。

口鼻呼吸法

中长跑呼吸方法的一种。跑动时利用鼻和张开的嘴进行呼吸的方法，一般跑三步一呼气，再跑两三步一吸气，并有适宜的呼吸深度，可使气体流畅，减少呼吸肌的负担，使口腔血管与冷空气接触，有利于散发体温。

分道线

径赛跑道的分道标志。用宽5厘米的白线把跑道分为各条分道，跑进方向（逆时针方向）右边的分道线，在本分道的宽度以内；左边的分道线在内道的宽度内。例如第一道和第二道的分道线，应当包括在第一道分道宽之内。每条分道宽至少1.22米，至多1.25米（包括右侧分道线）。400米和400米以下的径赛均须分道比赛。

支撑时期

在竞走或赛跑过程中，脚与地面接触的阶段，即从脚着地起至离地止为支撑时期。竞走用单脚支撑和双脚支撑交替反复进行；赛跑有支撑与腾空两个时期，其支撑时期可分前蹬支撑、垂直支撑、后蹬支撑三个阶段。就一条腿而言，它经过了支撑与摆动，然后又转入支撑。

车轮跑

跑的一种专门性练习，主要体会大腿摆动和着地时的积极"趴地"动作。动作要领：上体正直，身体重心提高，两腿交互高抬，大腿前摆，带动骨盆前送，接着积极下压，放松膝关节，小腿顺惯性前摆着地做"趴地"动作。练习时，可先在原地做高抬大腿、前伸小腿和积极"趴地"动作，再在行进间做，并加速频率。这种技术练习的作用是发展腿部力量和提高关节灵活性。

支撑反作用力

人体在运动时，地面给予人体的反作用力。赛跑后蹬时，脚向后下方给地面以作用力，地面同时给人体向前上方的支撑反作用力，推动人体向前进。

中长跑呼吸法

中长跑运动员在比赛时的呼吸方法。通常有用口呼吸、鼻吸口呼和口鼻同呼吸三种方法。慢跑开始时，一般用鼻呼吸，长跑和顶风跑时可用鼻吸口呼。待高速跑后，则可用口鼻同呼吸。

加速跑

径赛运动技术名词，原称"起跑后跑"，指起跑后立即转入加速跑。两腿交相做后蹬与前摆动作，逐渐使上体抬起，步长加大，步频加快，同时两臂配合腿做积极有力的摆动，使身体迅速摆脱静止状态，获得向前最大冲力，尽快地发挥速度转入途中跑。在加速跑的开始阶段，上体前倾很大，随着步长和速度的不断增加，上体逐渐抬起直到正常姿势即转入途中跑。在短跑中起跑出发的第一步一般为 3.5~4 脚长，第二步为 4~4.5 脚长，以后逐渐增大，一般为 20~25 米，跑 11~13 步完成加速跑。在加速跑的过程中，速度的增长主要依靠后蹬力量，这时不应过分追求步频，否则会造成后蹬不充分，动作紧张。

世界纪录

一名运动员或一项运动创下或打破世界最高纪录的成绩。凡属国际业余田径协会会员国，当发现有运动员破纪录时，必须迅速将有关创世界纪录的资料收集整理，且须先向国际业余田径协会报请，然后将资料（包括兴奋剂检查和女运动员的性别合格证书）送交国际业余田协。申请承认世界纪录，需具备下列条件：

纪录必须是在户外所创；

纪录必须是在正式比赛中产生的；

新纪录必须超过前世界纪录。

国际田联主席和秘书长有权联名承认纪录，如对是否应该接受产生疑问时，提交理事会决定。世界纪录被批准后，国际田联将通知申请该纪录的会员、该运动员的国家管辖组织和有关地区协会；倘未批准也将说明原因。

团体赛跑

径赛团体运动项目。每队参加比赛队员的名额、赛程距离及其计分办法，均无规定，多根据每次制订的竞赛章程进行。各队参加比赛的名额中，先规定若干名队员，再按各队队员到达终点的名次，给予分数，以此分出先后、高低，然后以各队得分的总和为其团体积分。也可根据队员到达终点的成绩，确定名次。

迎面接力赛跑

团体接力赛跑项目之一，亦称"穿梭接力赛跑"。赛程可自行决定。各队参加人数不限，但须相等。每队分成两组，相对而立于跑距两端横线后，成一列纵队，横线上各竖一根标志物。比赛时，各队队员依次将接力棒传给对面本队的一人，传接棒时，棒须绕过标志物。按跑完全程的先后决定各队的名次。

后 蹬

田径动作术语。它是推动人体前进的主要力量，利用脚蹬地时地面产生的支撑反作用力来推动人体前进。这是走和跑的主要技术，其取决于蹬地的力量、速度、方向、角度，以及腿蹬直的程度等。后蹬的技术关键是伸展髋关节，蹬伸膝关节和踝关节。目的是使后蹬力量与运动方向吻合，使支撑腿更快蹬离地面。

后蹬跑

径赛运动技术名词，是跑的一种专门性练习。旨在体会后蹬时髋、膝、踝三关节的用力顺序和蹬摆动作，可发展腿部力量，纠正跑动时后蹬用力不充分和"坐着跑"等缺点。动作要领是上体略前倾，后蹬腿充分伸直，最后通过脚趾"趴地"腾空，同时另一腿以膝盖领先向前上方摆出。练习时，骨盆要前挺，使后蹬做得积极充分。动作幅度可由小到大，速度可由慢到快。

抢　跑

　　田径运动术语是起跑时的一种犯规动作。径赛起跑时，发令员鸣枪前，若运动员的手或脚离开地面或起跑器，即为抢跑犯规。第一次抢跑，发令员予以警告，若再次抢跑，即被取消比赛资格。在全能运动比赛中，第三次抢跑犯规时，才取消比赛资格。

步　长

　　也称步幅，田径运动术语。指在竞走或赛跑过程中，两脚跟之间的距离，通常以"米"作单位，又分为平均步长和最大步长两种，它是决定走速或跑速的重要因素之一。赛跑时两腿交互用力后蹬，利用惯性力使人体继续前进，从一腿后蹬开始，到另一腿前摆落地之间的长度，为一步步长。其长短取决于腿长、后蹬的力量以及身体各部分的协调配合等。

步　频

　　田径运动术语。指在竞走或赛跑过程中，两腿在单位时间内交替迈进的次数。它是决定走速或跑速的重要因素之一，其疏密主要取决于后蹬、腾空与前蹬缓冲时间的短长。步长和步频也是相互制约的，加大步长相对地会影响步频，加快步频也会影响步长。一般在保证一定步长的前提下提高步频。

间歇跑

　　径赛运动技术名词，跑的一种专门性练习，一般用于较大强度的训练。在用较大强度跑若干距离后，按计划间歇若干时间，然后再跑，以改善心血管系统的机能和无氧代谢的能力。跑的距离和间歇时间的长短，依运动员的训练水平及训练目的和要求而定。这种练习能增强运动员的耐力和无氧代谢的能力。

途中跑

　　径赛技术名词。指经起跑后的加速跑在发挥高速度之后转入的一段跑程，是全程跑中最长也是最主要的阶段。运动员转入途中跑后，当身体重心移过支撑点，就开始后蹬。后蹬动作首先从伸展髋关节开始，当身体重心远离支撑点时，才迅速有力地伸直膝关节和踝关节，最后用脚趾蹬离地面。在后蹬结束时，髋、膝、踝三关节迅速伸直，使后蹬的反作用力有效地通过身体重心，更快地推动身体向前运动。一腿后蹬，另一腿应迅速有力地向前上方摆出，并积极带动骨盆前送，从而增大后蹬腿的支撑反作用力和加快蹬地速度，同时也为摆动腿下压着地创造了有利条件。在跑的每一个复步中，两腿的动作是互相配合的。一腿有力蹬地，为另一腿积极前摆提供了有利条件；另一腿的充分前摆又给予后蹬腿以积极影响。两条腿的蹬摆配合和正确的摆臂及全身动作的协调一致就构成了途中跑技术。

终点冲刺跑

径赛项目技术名词。指全程跑的最后一段，技术上和途中跑基本相同。运动员在这一阶段运用全部力量，加强后蹬力和两臂的摆动，以最快速度跑过终点。一般在到达终点最后一步时，上体迅速前倾，用胸部或肩部撞终点线。在中长跑临近终点进入最后的直道时，应力求在疲劳情况下，保持途中跑的正确技术，动员全部力量，以最快的速度跑过终点，这时上体可适当前倾些，并注意加强后蹬和两臂的用力摆动。跑过终点后逐渐减速，不要停顿，以免出现晕倒休克。

放松跑

跑的专门性练习之一。指动作自然、速度不快的慢跑，用以消除全身肌肉的紧张状态，为训练后的一种恢复手段。

变速跑

径赛运动技术名词，跑的一种专门性练习。在训练途中，有计划地改变速度，以改善跑的技术，提高一般耐力或速度耐力。如先进行 50 米慢跑接着 50 米快跑，先 100 米放松跑接着 100 米加速跑，100 米中速跑接着 100 米快速跑等。变速距离的长短与变速的快慢及强度，一般依训练的目的要求、运动员体质状况和训练水平而定。

前 蹬

田径动作术语。是走或跑时摆动腿前摆着地的动作。赛跑时一腿后蹬，另一腿迅速有力地向前方摆出，并积极带动骨盆前送，当蹬地脚蹬离地面身体腾空的一瞬间，前腿大腿积极下压，膝关节迅速伸展，小腿顺惯性向前摆动前蹬积极着地，完成"趴地"动作，这时，膝、踝关节应顺势弯曲缓冲，以减少前蹬的阻力。

送 髋

短距离赛跑时，摆动腿向前方摆动带动同侧骨盆向前运动的动作，在快速跑动时尤为明显。动作效果决定于髋关节的柔韧性和灵巧性。对形成正确的摆腿方向和增加步长有直接的作用，并能增大后蹬腿的支撑反作用力和加快蹬地速度，同时可为摆动腿下压着地创造条件。练习时，可先在原地或以两手支撑扶持物做高抬腿练习，然后在行进间高抬腿跑。可逐渐加快频率，上体适当前倾，再过渡到加速跑。

高抬腿跑

　　径赛运动技术名词，跑的一种专门性技术练习，旨在体会跑时高抬腿的动作，增强腿部肌肉群的力量，提高膝关节的灵活性和增强动作频率。动作要领：上体正直或稍向前倾，重心提起，骨盆前挺，全身舒展；两腿交互屈膝高抬，大腿与躯干接近直角，然后积极下压，用前脚掌轻快着地，支撑腿的踝、膝、髋三个关节伸直，同时两臂和肘配合两腿动作前后摆动。练习时，可先在原地或以两手支撑扶持物做高抬腿练习，然后在进行间高抬腿跑。可逐渐加快频率，上体适当前倾，再过渡到加速跑。

栏间跑

　　径赛技术名词，指跨栏赛项目中栏间的跑法。其技术同短跑的途中跑相似，节奏则比较明显。110 米栏和 100 米栏的栏间跑一般跑三步：第一步最短（1.5 米左右），第二步最长（约为 2.1～2.2 米），第三步较第二步短些（约为 1.8～1.9 米），栏间三步虽然步长不同，但每步的速度应基本均匀。因为栏间距离和跑的步数固定，每步的长度也相对稳定，所以提高栏间跑的速度主要是通过加快步频和改进跑的节奏来实现，而不是靠增大步长来完成。栏间跑时，应保持高重心，用前脚掌落地，并注意跑的直线性。

弯道跑

径赛项目技术名词，运动员在中长距离跑转入弯道时，为克服向前做直线运动的惯性，保证沿弧线前进，须改变身体姿势及腿臂动作方向，以产生向心力维持跑进中的平衡。一般采用身体向左倾斜姿势，跑速越快，倾斜越大。同时，躯干稍前倾，右肩略高于左肩。右腿前摆时，膝稍内扣，使腿前摆方向与弯道弧线方向大体一致，用前脚掌内侧着地并后蹬；左腿向前上方摆动时，膝稍外展，用前脚掌外侧着地并后蹬。右臂摆动的幅度大，后摆时肘关节稍向外，前摆稍向内，左臂靠近身体做前后摆动，摆幅比右臂小。

起跑线

径赛的起点标志。在赛跑起点处地面画一宽5厘米的白线（线宽也包括在比赛距离以内），与跑道的突沿成直角。运动员起跑时，若手或脚触及或超过此线就算犯规。

终点线

径赛的终点标志。在赛跑终点处地面画一宽5厘米的白线（线宽不包括在比赛距离内），与跑道突沿成直角。在终点线延长线的两端，离两侧跑道突沿不少于30厘米处，固立高1.40米、宽8厘米、厚2厘米白色终点柱各一根，两柱间系一与地平线平行、并与终点线后沿在一个竖平面上的白绒线，离地面的高度，成年男子为1.22米，成年女子为1.06米。比赛中，运动员的身体除头、颈、臂、手、腿和脚外，其他任何部分触及线的后沿（离起跑线近的一边）的垂直平面，即为到达终点。

起　跑

运动员从静止的预备姿势在最短的时间内获得最大的初速度跑动的过程。有蹲踞式起跑、站立式起跑、半蹲踞起跑三种方法。

起跑冲刺

在径赛项目短跑中起跑后到第五步之间的疾跑动作。运动员在由静止状态迅速改为疾跑时，需要巨大动力和全身协调性，因此要有高度的冲刺技术。起跑冲刺可分为站立式和蹲踞式两种。动作要领是：起跑后至第五步内，上体尽可能保持前倾姿势，两手用力前后摆动，两脚迅速蹬推地面并前跨，从第六步起，配合速度加快而上体前倾角度缓缓上升，步长也须逐渐加大。

起跑线前伸数

在有弯道的跑道上，为使每条分道上的运动员跑的距离相等，将外道运动员的起跑线向前移动的距离。计算方法为：各弯道计算线长度减去第一弯道计算线长度即为起跑线前伸数。跑道分道越宽，前伸数越大，此外，起跑线前伸数还与跑的弯道数量有关，如比赛时跑经两个弯道，则起跑线前伸数为一个弯道起跑线前伸数的两倍。

站立式起跑

径赛中起跑技术之一，一般用于中长跑。动作要领是：将有力脚放在紧靠起跑线后沿，另一脚放在前脚跟后一脚远的地方，两脚间隔15~20厘米，两腿弯曲，上体略前倾，集中注意力。听到发令枪声后，后腿即用力蹬地并迅速前摆，前脚也迅速用力蹬直，两臂配合做积极有力的前后摆动，使身体迅速向前冲出，在短时间内获得最大的跑速。

复　步

　　径赛动作术语。在走或跑的过程中，左右腿交互前跨一步，为一复步，走或跑是周期性活动，一个复步即为一个周期。以单腿计算，经支撑后蹬，转入腾空，大小腿折叠前摆落地，再回到支撑后蹬，为一个周期或一个复步。

梯形起跑

　　田径运动术语。是径赛 200 米、400 米、800 米等项目比赛时，不在一条线上起跑的排列形式（800 米项目在第一个弯道末端之前也应为分道跑）。由于道次不同，为了使运动员自起点至终点所跑距离相等，在起跑时，第一道以外的道次，必须各向前延伸一定距离，道次越向外，前伸距离越长，使起跑的排列队形成梯形，故称梯形起跑。

斜坡跑道

　　用于径赛项目训练的跑道。用泥土建成一条有上下斜坡的直线，上铺煤屑或其他材料，与普通跑道相同。其长短及坡大小无一定规格，视需要而定。练习上坡跑可提高后蹬及高抬摆腿的力量；练习下坡跑可提高步幅、步频，训练运动员的协调感。

接力区

径赛中接力赛传接棒的区域。比赛时，在跑道上均标有各段距离的白线，线宽5厘米，作为中线；在其前后各10米处各画一宽5厘米的线，两线（包括线宽）内区域就是接力区。传接棒的传接一定要在这个区内完成才有效。在4×100米和4×200米接力赛中，第2、3、4棒运动员可从接力区外10米以内的地方起跑，每条分道上应清楚标明此预跑线的位置。

接力赛跑

径赛项目之一。由每队4名运动员依次传递接力棒，每人各跑完全程四分之一的距离的集体比赛项目。

短子弹式安装法

也称接近式。起跑器安装方法之一。具体为：前起跑器距起跑线一脚长，后起跑器距前起跑器约一脚长或更近些，因前起跑器距起跑线较近，故名。此方法一般适用于身体较矮、四肢较短或腿部力量较强者。

普通式安装法

也称"一般式"。起跑器安装方法之一。具体为：前起跑器距起跑线一脚半长，后起跑器距前起跑器约为一脚半长，因方法适用于普通身高和普通体型者，故名。

摆动跑

现代短跑中的一种技术。运动员大小腿折叠，以髋为轴、膝关节为前摆意识点，大腿积极迅速前摆带动髋前移，然后顺势下压，小腿积极趴地，形成短跑技术中前支撑情况下积极用力的技术。两臂配合，积极摆动。

这与传统短跑技术强调后蹬为主，蹬直，蹬得有力，髋、膝、踝三关节伸直的后支撑为主的用力技术有一定区别。前者强调前支撑的趴地借惯力加速为主，后者强调后支撑下的后蹬腿主动用力蹬伸为主。

跨步跑

径赛运动技术名词，跑的一种专门性练习。主要是用大幅度高抬大腿向前跨步，结合充分的后蹬和协调有力的摆臂动作向前跑进，要求躯干稍前倾，身体重心上提，两臂自然摆动，大腿高抬前跨，后腿用力蹬直，这种练习能增强腿部力量。

跨栏步

田径动作术语。指径赛跨栏项目中腾空过栏的一步，从起跨脚着地开始，到摆动脚过栏后着地止。包括起跨、过栏两个阶段。起跨指在高速跑动时，起跨脚踏上起跨点到后蹬结束这一支撑阶段，包括两腿、两臂及躯干相互之间一系列的协调连贯动作。过栏指起跨结束，身体进入无支撑腾空阶段，到摆动腿在过栏后着地的这段时间的动作。起跨腿蹬离地面后，摆动腿大腿继续向前上方摆动，到膝关节超过栏架高度时，小腿迅速前摆。当脚掌到栏架上方时，摆动腿自然伸直，起跨腿仍留在体后，同时摆动腿异侧臂带动肩部积极前伸，上体前倾，胸贴近摆动腿的大腿，两腿在栏上形成大幅度分腿动作。当身体重心达到最高点，上体达到前倾角时，摆动腿积极下压落地，完成跨栏步。

腾空时期

田径运动术语。指人体离开地面支撑的阶段，一脚离地时起至另一脚着地时止。跑时的腾空，是一腿用力后蹬的结果。人体离开支撑后，即转入腾空时期，运用惯性力使人体继续向前运动，当另一腿前摆着地时，又转入支撑时期。

赛　次

田径运动术语。指径赛中进入决赛前的比赛次数。任何径赛项目，若参加人数太多，不能在一个赛次（决赛）进行比赛时，可先举行分组的预赛、次赛、复赛等。举行此类分组赛时，所有运动员必须参加，并通过所有赛次，最后选出 6 ~ 8 名选手参加决赛。

蹬摆配合

全称"蹬地摆腿技术"。短距离跑时，一条腿的摆动和另一条腿的蹬地密切配合，以完成蹬地摆腿动作。主要表现为：左腿有力蹬地，为右腿积极前摆提供有利条件，而右腿大幅度前摆又给左腿后蹬带来积极的影响。技术标准是一腿后蹬最充分时，摆动腿前摆至最高部位，是形成正确、完整的跑技术的重要环节。蹬摆配合技术常用完成两个动作的时间关系来表示。

蹬踞式起跑

径赛起跑方法之一。一般用于跨栏跑和接力跑。技术全过程为：当听到"各就各位"的口令后，俯身蹬踞，两手撑地，两脚紧踏在起跑器上；听到"预备"口令后，臀部抬起，重心略前移；听到发令枪声后，两腿猛蹬起跑器，向前冲出，以使身体迅速摆脱静止状态，获得向前的最大冲力，尽快地发挥速度转入途中跑。

跑

一种运动方法。人体利用自身能力进行快速位移。它是四肢周期性运动形式，是田径运动的基础。跑动时，人体要经过支撑与腾空两个时期。支撑时期从脚着地始脚离地止；腾空时期从脚离地始至另一脚着地止。其速度由步频、步长两个因素决定。全程跑分为起跑、起跑后加速跑、途中跑、终点冲刺跑四部分。比赛项目包括短距离跑、中距离跑、长距离跑、跨栏跑、障碍赛跑、马拉松跑、超长距离跑、越野跑、接力赛跑、定时跑等。

后踢跑

也称"后踢小腿跑"，跑的专门性练习之一。跑时躯干稍前倾，两臂自然摆动，小腿向后踢，与大腿形成收紧姿势，用以加强后部肌肉群的力量。

行进间跑

也称"跑进中跑"，短距离跑专门性练习之一。在 10～20 米助跑以后用最快的速度跑完 30～60 米，计取跑 30～60 米的时间，用以提高短跑运动员的最快速度。

趴　地

短距离跑时脚掌的着地动作。要领为：前腿大腿积极下压，膝关节迅速伸展，小腿顺惯性前摆，前脚掌积极而富有弹性地着地。对蹬地效果有重要影响。

摆　臂

短距离跑技术动作之一。手臂肘关节弯曲角度约 90°，摆动方向与跑进方向一致，肩的转动与两腿动作相协调。向前摆动时，手与下颌齐平；向后摆动时，大臂与地面平行。摆臂时，两手呈半握拳状或手指自然伸直。

全程跑

短距离跑专门性练习之一。按一定的速度要求跑完某个比赛项目的全部距离。由起跑、起跑后加速跑、途中跑和终点冲刺跑四部分技术组成。用以体会比赛全程节奏，检查跑的技术。

反复跑

也称"重复跑"，短距离跑专门性练习之一。用基本稳定的速度多次跑某一固定的距离。其距离多为短于或稍长于主项距离。用以改善跑的技术，发展专门的身体素质。速度和间歇时间决定于训练任务：改善技术时，等于比赛速度，间歇时间长；发展专项耐久力时，等于比赛速度，间歇时间短；发展速度时，快于比赛速度，间歇时间长。亦可采用不同的跑速、间歇时间和重复次数来组成各种训练负荷。

速度耐力

也称"专项耐久力"，速度素质的一种，指持续用专项速度快跑的能力。不同项目有不同要求。对于短跑运动员来说，是在全程或后程用高速度跑（即在缺氧供应状态下进行快跑）的能力，为取得良好成绩

（特别是在 400 米跑和 200 米跑中）的重要素质。发展速度耐力的基本方法：（1）用比赛速度或接近比赛速度进行专项距离的跑。（2）反复进行短于或长于专项距离的跑。

反应时间

起跑时运动员听到信号至开始动作之间的时间。蹲踞式起跑的反应时间为鸣枪后到手离地之间的时间。常作为衡量运动员训练水平的标志之一。

极　点

运动时人体反应的一种机能状态。是剧烈运动开始阶段心血管系统机能变化与运动器官活动强度之间发生不相适应的生理现象，有胸闷、呼吸困难、心跳加剧、腿发软、动作迟钝等反应。出现的早晚和机体反应的强弱与体质、锻炼水平和运动强度密切相关。是骨骼、肌肉等运动器官进入紧张活动状态后，机体所需氧气及营养物质突然增加，因内脏器官的生理惰性大，一时输送不了这些物质而引起大脑皮层调节紊乱所致。减轻和克服极点的方法有：（1）运动前做准备活动。（2）运动时加大呼吸深度，减少呼吸次数，放慢速度。（3）以顽强的意志力坚持运动。

第二次呼吸

也称"第二次力",运动时人体反应的一种机能状态。是中长跑运动员在跑动过程中出现极点后的一段短暂时间内,由于内脏器官逐渐适应了运动器官的活动,供氧增加,大脑皮层恢复正常功能,身体的不适反应随之消失而感到格外轻松有力的现象。标志着极点已克服,氧吸收量达到了最高水平。

起 跨

跨栏跑时从起跨脚踏上起跨点到结束后蹬动作的过程。包括两腿之间、两腿及躯干相互间的协调连贯动作。要领为:迅速自然地缩短最后一步的长度,使起跨腿快速经垂直部位转入后蹬;保持适宜的起跨距离,使摆动腿易于向前摆,膝部和脚在到达栏架平面前能抬得比栏架略高,为及时做下栏动作创造条件;身体重心呈较大距离的前移,起跨角度小于70°。

攻 栏

跨栏跑时准备跨栏的动作过程。要领为:栏前最后一步起跨腿着地后,摆动腿的大小腿在体后折叠,然后迅速向前上方摆起,膝关节摆至栏的高度以上,在起跨腿蹬地后,摆动腿小腿迅速向前摆出;在起跨腿蹬地结束瞬间髋、膝、踝三关节充分伸展,两臂配合摆动,形成头部、躯干与蹬直的起跨腿成为一条直线的动作。对过栏速度及其效果有直接影响。

PART 6 技术战术

短 跑

短跑技术

掌握好短跑基本技术，是有效提高短跑成绩的基本前提。基本技术包括基本跑姿、直道跑、弯道跑、接力跑和训练方法等。

基本跑姿

正确的跑姿有利于全身协调配合，提高短跑成绩。下面从动作周期和全身协调配合两方面来认识和学习基本跑姿。

1. 动作周期

跑是人体水平位移的一种运动形式，是单脚支撑与腾空相交替、蹬与摆相配合的周期性运动。跑步中的一个周期是由一个复步（即两个单步）构成的，所以跑步的一个周期有两个支撑周期和两个腾空周期。支撑时期从脚着地时起到脚离地时止；腾空时期从脚离地时起到另一脚着地时止。

2. 全身协调配合

跑步时，全身的协调配合对于提高跑速非常重要，包括腿的蹬摆、上体姿势、两臂摆动、头部姿势、脚着地和呼吸节奏等。

腿的蹬摆的动作方法是：

（1）在后蹬结束的瞬间，后蹬时收缩的肌肉群应立即放松，屈髋肌群积极收缩，大腿带动小腿迅速向前摆动，小腿顺惯性与大腿自然折叠，此时，摆动腿摆动方向与骨盆沿纵轴转动的方向一致；

（2）摆动腿积极前摆，带动髋部前移和转动，带动人体重心前移，髋部的向前与转动可增加摆动腿的力量和幅度；

（3）摆动腿加速摆动，增大支撑腿对地面的压力，摆动腿前摆得愈快、幅度愈大，就愈能加大腿蹬地的力量和速度；

（4）蹬地角度要适当，同样的后蹬力量，后蹬角度较小时所获得的向前水平分力较大。

上体姿势的动作方法是：

（1）躯干保持稳定、正直，避免左右摇晃；

（2）上体适当前倾，有助于提高后蹬效果，但如果前倾过大，会给摆动腿前摆带来困难，影响步长，降低跑速；

（3）切忌上体后仰，否则不利于后蹬用力。

两臂摆动的动作方法是：

（1）注意摆臂的方向性，后摆不要过于向外，否则会影响跑的直线性；

（2）由前向后上方摆出，用力点在肘关节前，手腕要放松；

（3）由后向前摆时，将前臂收回；

（4）半握拳，两臂在体侧前后摆动；

（5）摆臂动作愈快，肘关节角度就愈小，慢摆臂时，肘关节角度则应大些；

（6）快速有力的摆动有助于维持身体平衡，还能加快腿的蹬摆动作。

头部姿势的动作方法是：

头正直，眼睛平视，不要低头或仰头，身体基本处于直立姿势。

脚着地的动作方法是：

脚外侧先着地，然后迅速过渡到脚掌着地。

呼吸节奏的方法：

跑步时，除上肢、下肢、躯干相互协调动作外，合理而有节奏的呼吸，可以提高运动时心脏血管系统及呼吸系统的活动能力，给长时间的肌肉工作创造有利条件，在有氧代谢的长距离跑时尤为明显。

直道跑

直道跑是短跑最基本的技术，直道跑技术的水平高低是短跑成绩的关键因素，包括起跑、起跑后加速、途中跑和终点跑等。

1. 起跑

起跑的任务是对发令信号做出迅速的反应，使身体迅速摆脱静止状态，并获得一个较大的向前冲力，为起跑后的加速跑创造有利条件。短距离跑采用蹲踞式起跑，起跑时使用起跑器。起跑器的安装要适合个人特点，要保证运动员在完成"预备"动作时，髋、膝、踝三关节均处于最利于爆发用力的角度。起跑动作分为"各就位"、"预备"和"鸣枪"（或"跑"）三个阶段。

"各就位"口令后的动作方法是：

（1）轻快地走到起跑器前，两手撑地，两脚依次踏在前、后起跑器的抵足板上，后膝跪地；

（2）两手收回紧靠起跑线后沿，并撑于地面，两臂伸直，两手间距离比肩略宽，四指并拢或略分开与拇指成"八"字形，做有弹性的支撑；

（3）头与躯干保持在一直线上；

（4）身体重量均衡地落在两手、前脚和后膝关节之间。

"预备"口令后的动作方法是：

（1）吸一口气，然后从容而平稳地抬起臀部；

（2）身体重心同时前移，形成臀部高于肩、肩越过起跑线的身体姿势；

（3）前腿大小腿夹角约为 90°～100°，后腿大小腿夹角约为 110°～130°；

（4）此时，体重主要由两臂和前脚支撑；

（5）两脚脚掌紧贴起跑器抵足板，全神贯注，静听枪声准备起跑。

"鸣枪"（或"跑"）口令后的动作方法是：

（1）两手迅速推离地面，两臂屈肘做有力的前后摆动，同时两腿迅速蹬起跑器；

（2）后腿蹬离起跑器后，以膝领先向前摆出，前腿快速有力地蹬冲，髋、膝、踝三关节把身体向前上方有力地送出；

（3）此时前腿的后蹬角度约为 42°～45°，上体前倾与地面约呈 15°～20°。

2. 起跑后加速

起跑后加速跑是指从前脚蹬离起跑器到进入途中跑之前这一阶段，主要任务是在较短的距离内（通常在 30 米左右）尽快发挥较高速度，迅速转入途中跑。起跑后加速的动作方法是：

（1）起跑第一步大腿前摆不宜过高，步长也不宜过大（一般以 3 个半到 4 个脚长为宜），否则会造成上体过早抬起和起跑停顿现象；

（2）加速跑时，两臂屈肘做有力的前后摆动，两腿交替；

（3）开始时，上体前倾角度很大，两脚落点左右之间的距离也较宽，以后随着步频、步长和跑速的不断增加，上体逐渐抬起，两脚落点逐渐趋于一条直线上；

（4）当上体逐渐抬起至正常跑的姿势并发挥较高跑速时，即转入途中跑。

3. 途中跑

途中跑是短跑技术的主要部分，其技术正确与否决定着短跑成绩的好坏。途中跑阶段的任务是继续发挥加速跑中所获得的速度，并保持最大速度跑完全程。途中跑的速度取决于两腿动作、摆臂动作和上体姿势等因素。

两腿动作：在途中跑过程中，两腿动作的协调配合是关键。左腿有力地蹬地，为右腿迅速地前摆创造了牢固的支撑条件；而右腿的迅速前摆，又有助于左腿蹬地速度和力量的发挥。两腿动作包括后蹬、摆动和落地。

后蹬：在一个跑的复步中，当身体重心移过支撑点后，支撑腿就开始了后蹬，动作方法是：

（1）当身体重心远离支撑点时，迅速伸展膝关节和蹬直踝关节，最后用脚趾蹬离地面；

（2）后蹬结束的一刹那，髋、膝、踝、趾关节充分蹬直，与躯干几乎成一直线，这使后蹬支撑反作用力通过身体重心，有效地推动身体向前移动；

（3）两腿蹬地力越大，速度越快；

（4）蹬地角度越小（在一定限度内）效果越好，适宜的后蹬角度有利于获得较大的水平速度，并能降低身体重心上下起伏，最佳后蹬角度一般为50°左右。

摆动：腿的摆动是从后蹬腿蹬离地面时开始的，动作方法是：

（1）当后蹬腿蹬离地面，身体转入腾空时，放松刚刚参加后蹬活动的肌肉群，此时小腿随大腿的前摆，顺惯性自然折叠；

（2）当大腿摆至垂直部位时，小腿折叠到最大限度；

（3）大腿摆过垂直部位后，继续积极主动地向前摆动，并把同侧髋关节一起带出，此时摆动腿的膝关节和小腿处于放松状态；

（4）当摆动动作结束时，蹬地腿已完全伸直，此时两大腿的夹角约为90°～110°，摆动腿小腿与蹬地腿几乎平行。

落地：当摆动腿摆至最大限度后开始落地，动作方法是：

（1）大腿积极下压，膝关节放松；

（2）小腿顺惯性前摆，在重心投影点前用脚掌完成向后下方的"趴地"动作，着地点应在膝关节的垂直下方；

（3）脚着地后顺势屈膝、伸踝，以缓和着地时产生的阻力，并使身体迅速前移。

摆臂动作：正确的摆臂，除了有助于维持平衡外，还能加快两腿的频率和步幅，动作方法是：

（1）摆臂时，两手半握拳，肘关节自然弯曲成90°，以肩为轴前后摆动；

（2）前摆时，手高不超过下颌，肘关节略小于90°；

（3）后摆时，肘关节略向外，大臂不超过肩，小臂几乎与躯干平行，手臂经过体侧时肘关节角度最大，约为150°。

上体姿势：正确的上体姿势，对保持身体平衡、对两臂摆动和两腿蹬摆的效果都有积极的影响，动作方法是：

（1）途中跑时，头部正对前方，目视终点，颈部放松，躯干保持正直或略前倾；

（2）垂直支撑时，躯干前倾角度较大，约5°～15°；

（3）后蹬时，由于髋关节的积极前送，上体几乎是正直的；

（4）跑时，躯干沿身体纵轴适度地转动，加大两臂和两腿的摆动幅度。

4. 终点跑

终点跑的任务是尽量保持途中跑的速度并进行冲刺，尽快以躯干接触终点线内沿垂直面，通过赢得时间来取得最佳成绩和名次。短距离的终点跑，要求保持好途中跑的技术和节奏，把由于体力消耗和动作变形而引起的速度下降降低到最低程度。终点跑技术包括终点跑技术和终点撞线技术。

（1）终点跑技术的动作方法：

在距离终点线15～20米处，保持上体前倾的姿势，加大摆臂，加强后蹬，尽量避免跑速的下降。

（2）终点撞线技术的动作方法：

在跑到离终点线前约一步距离时，上体急速前倾，双臂后摆，以躯干任何部分撞终点线；跑过终点后，逐渐减慢跑速。

弯道跑

在 200 米与 400 米跑道中，有一半以上的距离是在弯道上进行。为了克服由于弯道跑时产生的惯性离心力的影响，弯道技术是运动员必须需要掌握的，包括弯道起跑技术和弯道跑技术等。

1. 弯道起跑技术

200 米和 400 米跑都是由弯道起跑，动作方法是：

（1）起跑器安装在跑道的外沿正对弯道切点方向的地方；

（2）"各就位"时，左手置于起跑线后 5~10 厘米处，身体正对切点；

（3）起跑后的一段距离应尽量沿直线跑进；

（4）沿着切线跑进，跑到切点前，身体要逐渐向左倾斜，从容地进入弯道跑。

2. 弯道跑技术

弯道跑技术有助于克服惯性离心力的影响，动作方法：

（1）整个身体向左倾斜，右肩高于左肩；

（2）左臂靠近身体前后摆动，后摆时用力较大，并略偏向右后方；

（3）右臂摆动幅度和力量都大于左臂，并略离开身体摆动，后摆时偏向右后方，前摆时向左前方用力摆动；

（4）脚落地时，右膝和右脚略向内转，用前脚掌的内侧着地和蹬地，左膝和左脚尖略向外转，用脚外侧着地和蹬地；

（5）由弯道跑入直道时，顺惯性放松跑 2~3 步，以消除弯道跑时所产生的多余的肌肉紧张；

（6）弯道跑时，身体向左倾斜的程度取决于弯道的半径和跑的速度，即弯道的半径越小，跑的速度越快，身体倾斜就越大。

中长跑

中长跑技术

中长跑由起跑和起跑后加速跑、途中跑、终点跑技术组成。

起跑和起跑后加速跑

中长跑采用站立式起跑，800 米运动员还可采用"单臂支撑"的半蹲踞式起跑。

运动员听从发令员或其助手的召集，在起跑线后 3 米集合线上按其道次排列顺序站立，听到"各就位"的口令后，做一二次深呼吸，很快站到起跑线后排成一列或若干列横队。12 人以上分成两组，分道同时起跑，大约 65% 的运动员为第一组，位于常规起跑线上；其余运动员为第二组，位于外侧 4 条跑道的弧形起跑线上。此时，两脚前后半步开立，有力的脚放在前面，脚尖紧靠起跑线的后沿，两腿弯曲，上体前倾，两臂成跑的摆臂姿势（或两臂自然下垂），身体保持稳定，构成一个合理的起跑前的预备姿势，体重落在前脚上。

800 米跑因起跑速度快，第一弯道分道跑，常用单臂支撑半蹲踞式起跑。将有力的脚及异侧手臂贴近起跑线撑地，前后脚相距一小腿长，左右间隔一脚宽，两膝弯曲，前腿大小腿夹角 100°，后腿的大小腿约为 130°，两脚均用前脚掌支撑。另一臂后摆，体重主要落在前脚，静听枪声。当听到枪声后，后腿蹬地后迅速前摆，同时，前腿迅速蹬伸，两臂配合腿部动作快速而有力摆动，使身体摆脱静止状态。

起跑后的加速跑是指从起跑第一步落地到发挥出预计的速度或跑到战术位置的跑的阶段。这段加速跑上体逐渐抬起，迅速有力地摆臂，起跑后要对准跑动方向与弯道的切点，跑成直线，迅速发挥速度。当已经发挥个人的跑速或进入战术需要的位置时，将开始有计划有节奏的途中跑。

途中跑

中长跑的绝大部分距离是途中跑阶段，因此，途中跑的技术非常重要。

1. 上体姿势和摆臂动作

运动员上体保持稍前倾或正直的姿势。途中跑上体前倾角度为5°左右，跑的过程中，上体角度变化范围为2°～3°；超长距离跑正直或前倾角度1°～2°。这种上体姿势可以更好地发挥蹬、摆的效果，为肌肉和内脏器官工作创造良好的条件。

上体的姿势取决于头的位置，由于颈反射头的位置改变，上体姿势也随着改变，因此，要保持头的正确位置。低头或仰头将造成上体的前倾或后仰。上体过分前倾会使胸廓活动范围受到限制，影响呼吸深度，也使骨盆沿横轴下旋改变肌肉用力的角度，影响大腿前摆。

正确的上体姿势是保持正常的自然姿势或稍前倾，头自然地和身体保持直线，微收腹，送髋，面和颈肌肉放松。

摆臂动作能保持身体的平衡，加大摆臂的幅度和力量，起着增加腿部蹬地效果的作用。两臂的摆动还起着调节步长和步频的作用，要想两腿交换快，两臂就得摆动快；摆动时，以肩关节为轴，肘关节屈约90°角，用肘发力做前后自然摆动。

运动员的两臂与两腿协调一致异向摆动，随着摆动腿的送髋前摆，髋关节沿着纵轴转动而肩则沿着同一纵轴与髋关节反向转动，臂向后摆时肘关节稍向外，向前摆时稍向内，不超过中轴线。肘关节的夹角向前小于向后，两臂的摆动与两腿的动作幅度、频率始终保持着协调一致，摆臂要放松。

2. 着地缓冲

着地缓冲的任务是减小地面对人体的冲击，减少水平速度的损失，为尽快转入后蹬创造有利条件。衡量一个运动员着地缓冲技术好坏的主要标准是看水平速度损失的情况，应尽量减少水平速度的损失。

脚着地前，以摆动腿大腿积极下压，小腿顺势自然前摆，同时后摆做"趴地"式动作着地。

着地应用脚前掌外侧先着地，然后过渡到全脚掌着地。脚着地时，脚尖应正对跑进方向，两脚内缘应切一条直线，这样才能较好地保持跑的直线性，提高动作实效。

脚着地后，应迅速屈踝、屈膝和屈髋完成缓冲动作。屈膝起主导作用，小腿后侧肌群和大腿前侧肌群应积极而协调地退让，以减缓着地的制动力，这样就使伸肌得到预先的拉长，为后蹬创造有利条件。

在垂直阶段脚跟稍向下落或全脚着地，这样可缓冲着地产生的冲击力，此时，骨盆向摆动腿一侧倾斜，摆动腿的膝关节低于支撑的膝关节，由于身体靠惯性向前运动，使肌体获得一个短暂休息，未参与工作的肌群得以适度地放松。

3. 后蹬与前摆

支撑腿的后蹬与异侧大腿同时积极前摆，是现代跑技术的突出特点。其中，支撑腿髋关节、踝关节伸直的时间及速度与异侧大腿同时送髋前摆的速度，对推动运动员身体重心向前的效果及动作幅度意义最大。

有效的蹬摆技术特点是后蹬的发力以髋为轴积极伸展，后蹬腿三关节充分伸展，用力的顺序为伸髋、膝、踝，同时摆动腿屈膝前摆并带动髋前送，后蹬结束时，后蹬腿的膝关节应完全伸直。

后蹬向前效果好坏，实际上取决于运动员伸髋的力量和速度以及前摆着地的动作、落地支撑时与身体重心投影线的距离。

4. 腾空

后蹬腿蹬离地面，人体进入腾空阶段。蹬地腿的小腿应迅速向大腿折叠，形成以大腿长度为半径的摆动过程。优秀运动员都重视大小腿的折叠动作，不应过高地向后甩小腿，而是在脚上抬的同时膝向前摆，这样会缩短摆动半径，加快摆动速度。人体腾空后将会沿惯性向前运动又获得短暂的休息。

后蹬腿的脚离地后，应立即放松小腿和大腿后群肌肉，以减小腿部毛细血管的压力，使更多的血液流入肌肉，同时也使静脉血管舒张，增加回心血液，带走代谢物质，避免因废物堆积而造成肌肉过早疲劳。运动员要学会利用腾空时期正确地放松肌肉，才能节省能量消耗。

终点跑

终点跑是全程跑结束前的最后一段距离的冲刺跑，终点冲刺的距离要根据比赛项目、个人特点和战术需要来确定。一般情况下，800米跑可在最后200~250米开始冲刺，1500米跑可在最后300~400米进行冲刺，5000米、10000米可在最后400米~900米冲刺。

一般速度好的运动员，往往在跟随跑的前提下，选择时机，突然加速冲跑，耐力好的运动员为了最后战胜对手多采用长段落的加速冲跑。冲刺时，应加大摆臂，加快步频和增加躯干的前倾角度。选择加速跑的时机非常重要，在进入最后一个弯道之前，必须占据有利位置，开始冲刺。并注意对手的情况，确定开始冲刺时机，全力以赴加速，以顽强意志冲向终点线。

步长和步频

跑的速度是由步长和步频决定的，中长跑运动员应保持适当的步长和稳定的频率，增强跑的节奏感。这种有节奏的跑能使肌肉和内脏器官的活动处于有利状态，并能推迟疲劳的出现。

步长的大小取决于运动员的腿长、蹬摆的力量和动作幅度、后蹬的角度、髋关节的灵活性和柔韧性等因素。

步频的快慢取决于神经系统的灵活性、肌肉收缩的速度和掌握技术的程度等。中跑运动员的步频一般为每秒3.5~4.5步。步频的快慢和每一步用的时间有关，每一步的时间又和支撑时期、腾空时期的时间有关。因此，支撑时期和腾空时期的时间应有适当的比例。对此，有人认为腾空时间应大于支撑时间，还有的认为两者所占时间几乎相等，近年来还有主张腾空时间应小于支撑时间。为了提高步频，除了减少腾空时间外，还应减少支撑时间，但要注意减少支撑时间主要是减少缓冲时间。

运动员都应有较稳定的步长和步频，形成适当的跑的节奏，采用加大步长的方法来提高跑速会受到一定的限制，因为过大的步长要消耗更大的体力，因此，提高跑速以采用在保持步长的前提下提高步频为宜。

呼吸

中长跑过程中，人体能量消耗大，有机体需要更多的氧气维持运动中需氧量和供氧量的平衡。供氧量如不能满足运动需要，组织内能量物质的分解与合成过程由于缺氧而变得缓慢，因而能量不能满足运动员需要，表现出跑速下降，步长缩短，步频下降。因此，呼吸对发挥跑的技术起着重要作用。

为了改善气体交换和血液循环，达到所需要的通气量，需要掌握正确的呼吸方法，使呼吸的节奏和跑的节奏相结合。呼吸器官每分钟应该吸入 120～180 升空气方能得到满足，为了保证这么多量的空气就必须有一定的呼吸频率和深度，优秀运动员的呼吸频率每分钟 70～100 个呼吸周期（包括呼、吸及间歇），而呼吸深度约等于肺活量的 1/3。在保持适当的呼吸深度条件下，必须依靠呼吸频率来保持必要的肺通气量，要用鼻和半张的嘴同时进行呼吸，要以呼气为主进行气体交换，每一个呼吸周期必须充分地呼气才能保证所需吸气量。

呼吸节奏有以下几种：

（1）二步一呼，二步一吸（即四步一个呼吸周期）；

（2）一步半一呼，一步半一吸（即三步一个呼吸周期）；

（3）一步一呼和一步一吸，此方式一般用于最后冲刺。在起跑、途中跑和终点跑都应保持呼吸节奏不能以吸为主或憋气。

"极点"在医学上称此种现象为"第二次呼吸"。"极点"并不意味着身体能量消耗达到了极点，而是在开始剧烈运动时，支配肌肉、关节等运动器官的神经兴奋性较强。"起动"较快，迅速地从安静状态进入工作状态，使肌肉强烈收缩做出各种动作，而支配心跳、呼吸等内脏器官的神经兴奋性较低；"起动"较慢，不能迅速地由安静状态进入工作状态，输送的血液和吸入的氧气难以满足身体剧烈运动的需要，而体内代谢产物也不能及时排出。身体在这种缺氧的情况下进行剧烈运动，其代谢产物进入血液中，刺激呼吸中枢神经和血液循环系统，引起呼吸和脉搏加快。

"极点"出现的早晚、缓急与身体素质、训练水平、运动强度、运动时呼吸、运动前准备活动都有很大关系，出现心慌气短、肌肉无力等现象，实际上是心肺功能和完成工作强度不相等的一种表现。

（1）要认识到"极点"出现是正常的运动生理现象；

（2）要注意呼吸节奏，有意识地加强呼吸，特别是加深呼气，让身体吸进较多的氧气，排出较多的二氧化碳气体；

（3）适当调整跑速（保持已跑出的节奏进行调整）；

（4）充分做好准备活动，使身体内脏器官的神经提高到一定的兴奋程度，再逐步加快跑的速度或其他运动强度，以使内脏器官适应身体剧烈运动的需要；

（5）提高训练水平，改善内脏功能，适应剧烈运动的能力。

中长跑战术

中长跑运动员比赛的战术，是运动员战胜对手、夺取金牌的比赛方案，是运动员训练水平和比赛能力的综合体现。

这些年来，在世界重大国际比赛中（如奥运会、世锦赛等大赛），运动员利用战术的优势取胜，获得金牌的例子很多，尤其是随着运动员水平的不断提高，竞争越来越激烈，因此，比赛时跑的战术运用，对战胜对手夺取胜利起着越来越重要的作用。

比赛时的战术是整体训练特征的体现,选择任何一种比赛战术,都要有计划地列入平时的训练中,并经过竞赛实践检验而又适合个人特点。因此,比赛中利用的战术,必须在平日训练中反复实践。

制订战术方案的依据应考虑参赛目的任务、个人特点与赛时状态、主要对手的特点、赛制和比赛轮次、气候、场地和环境状况等因素。因素不同战术也不尽相同。如比赛任务只是破纪录,可在赛前制定跑的计划,赛中按计划匀速跑完各分段成绩,不必考虑对手。如比赛既要拿冠军又要破纪录,这就要求运动员必须有多种能力,并且战术方案将复杂得多。在比赛中,速度好的运动员应采取跟跑,在最后较短的距离冲跑超过对手,先到达终点。耐力好的运动员,多采用领先高速跑的方法,摆脱对手,利用长距离冲跑的能力,在后程超越对手。中长跑运动员还应有主动变速领跑的能力,以此战术打乱对方跑与呼吸的节奏,消耗对手体力最后取胜。

合理分配体力匀速跑

中长跑的体力分配方案,采用匀速跑的方法最好。因为跑的节奏稳定,呼吸节奏亦稳定,能保证需氧量和供氧量的平衡,能量物质源源不断地输入组织,使肌体始终处于良好的工作状态。因此,以平均速度跑完全程是节省能量的最好方法。

要在比赛中准确地完成每一阶段速度的要求,就要在平时训练中培养跑的速度感,并建立牢固的动力定型。在训练中经常以预计达到成绩的平均速度进行各种距离的训练,由短到长分段练习,才能逐渐达到预计成绩的控制速度。

跟随跑最后冲刺取胜的战术

跟随跑的战术中,运动员在领跑的运动员的后面相对比较放松,节省了能量消耗,以最后冲刺速度快的优势取得胜利。多在预赛、半决赛中选用,以保证取得下一个赛次的资格,或是运动员与对手实力有一定差距，以跟随跑的方法，提高运动成绩。

以取胜为目的的跟随跑，一般地说要保持超过对手的高速度和一定的实力，以便做决定性的冲刺。跟随要密切注意领跑者和其他对手的动向，准备随时在任何距离上采取行动以高速跑冲出包围圈，最好在领跑者的右侧。

在重大比赛中，中长跑运动员为了战胜对手，往往会使对手领先跑，自己紧随其后的，时机成熟立即出其不意抢先到达终点。这种"夺冠军战术"通常对最后冲刺能力强的运动员有利。

选用跟随跑战术运动员应具备的条件：

（1）具有较大的速度和速度耐力水平优势；

（2）变速跑的代谢能力较突出；

（3）良好的竞技状态和顽强的意志品质；

（4）与主要对手的实力相近。

领先跑战术

运动员依据自己训练的实际情况，预先将比赛全程、各个分段时间计划出来，自己主动控制跑的速度和节奏，并将终点计时所显示的时间与预先计划的时间比较，调整自己的速度。选用这种战术跑，多数情况下是比赛对手的实力相对较弱。

采用领先跑战术，中长跑每个项目都有其最难跑的一段，在该段落中由于疲劳的增长，任何运动员都会感到吃力，领先跑的运动员应在这一段落努力坚持快速度，甩开对手冲跑来削弱对手冲刺的能力。这段段落通常是：800米在400～600米之间；1500米为600～1000米之间；5000米在第4000米；10000米在6000～8000米。要提高这一段的临界速度，运动员应在训练中进行长时间准备。

选用领先跑战术，运动员应具备的条件：

（1）雄厚的训练实力和良好的竞技状态；

（2）良好的速度耐力和控制速度的能力；

（3）顽强的意志品质和必胜的心理素质。

变速跑的比赛战术

变速跑的比赛战术是比运动员速度耐力和机体代谢转换能力的战术。其能量消耗最大，比赛难度最大，对运动员要求最高。在比赛全程中，运动员主动改变跑的速度和加速的距离，以破坏对手跑的节奏和心理状态，增加对手的能量消耗和紧张程度，从而达到取得胜利的目的。选这种战术一般总的成绩相对低一些。

选用变速跑的比赛战术运动员应具备的条件：

（1）高速度的持续跑能力和高速度变速跑中机体代谢转换能力；

（2）雄厚的速度储备和能量储备；

（3）最佳竞技状态和顽强的意志品质；

（4）心肺系统功能和代谢功能具有较大的优势。

从根本上讲，良好的速度和速度耐力是最后冲刺能力的基础；还要根据比赛最后冲刺的要求进行模拟训练。世界纪录不断刷新，训练正从传统的"马拉松式"转向研究训练强度和速度，向全面性发展，必须在多年训练中加强对速度和最后冲刺能力的训练，并让中长跑运动员养成在任何一次训练中都以最快速度跑完最后一段距离的习惯。

比赛时战术的选择是否合理，是影响运动员成绩和名次的重要因素。脱离运动员实际的比赛战术往往是以失败告终，并对运动员比赛心理产生极为不良的影响。因此，要使比赛选用的战术特征与训练过程相一致，有计划、有目的地在训练中反复应用，才能显示出战术的作用。一般是运动员运动水平越高，战术运用得越自如，战术的作用也越显著。

应用战术注意事项

（1）起跑以后，特别是开头 50～100 米应该一直快跑，直至抢占有利位置，要环顾四周，避免碰撞；

（2）跑弯道时，要靠近跑道内沿，超越对手在直道上进行（下弯道进直道时）；

（3）超越对手时，应采取出其不意地加速与冲刺，应有一定的距离，或采用变速方法甩掉对手，消耗对手的体力，要注意安全和运动道德（不要有推、绊、阻挡等不良行为）；

（4）强风、逆风时不要带头领先跑，顺风应跑到前面。提高跑速时可采用加快频率、缩短步长的方法，降低动作幅度和用力程度；

（5）一般不要落后于对手过远，否则再追会消耗体力或失去信心；

（6）在比赛中要善于了解对手，尽量避免把自己的弱点暴露给对手，争取主动，增加胜利信心；

（7）比赛中大脑要清醒，善于控制自己，不要采用自己没有尝试过的、没有把握的战术，否则容易造成失败。战术实施要随机应变；

（8）战术计划选定后要根据比赛进程中的情况灵活选用战术；必须制定跑速时间分配表，为取得优异成绩，前半程的时间和后半程的时间应考虑到能量储备，用较高平均速度跑完全程。

跨栏跑

跨栏跑技术

起跑至第一栏的技术

起跑的过程与短跑基本相同，起跑至第一栏起跨点一般采用 8 步起跨，起跑时应把起跨脚放在前起跑器上。

过栏技术

过栏是跨栏技术的关键部分，它由起跨、腾空过栏和下栏着地等动作组成。

（1）起跨前，应保持较高的跑速，最后一步比前一步的步长小一点，当起跨腿脚掌着地时，摆动腿由体后向前摆动，大小腿在体后开始折叠，膝关节摆至超过腰部高度。两腿蹬摆配合完成起跨运动过程中，上体随之加大前倾，摆动腿异侧臂往前上方摆出，另一臂屈肘摆至体侧，形成"攻栏姿势"。

（2）腾空过栏，腾空后身体重心沿着起跨所形成的腾空轨迹向前运行。起跨腿蹬离地面后，摆动腿大腿继续向前上方摆至膝关节超过栏架高度，小腿迅速前摆，当脚掌接近栏架时，摆动腿几乎伸直，脚尖微微上跷。摆动腿的异侧肩臂一起伸向栏架上方。上体加大前倾使头部接近或超过摆动腿的膝略高于踝。

（3）下栏着地，摆动腿积极下压，起跨腿加速向前提拉，以髋为轴完成两腿剪绞动作，摆动腿脚掌移过栏架的同时，起跨腿屈膝外展，小腿收紧抬平，脚尖勾起足跟靠臀，以膝领先经腋下加速前拉，当脚掌过栏后，膝继续收紧向身体中线高抬，脚掌沿最短路线向前摆出，身体成高抬腿跑的姿势，伸直下压的摆动腿在接触地面时，前脚掌做积极趴地动作。

栏间跑技术

110米栏间三步步长不等，每步步速和支撑、腾空时间的关系都有变化，这就构成栏间跑所特有的节奏。

栏间跑第一步的水平速度因过栏有所降低，蹬地起步时膝关节始终伸直，因而第一步短于后面两步。

第二步的动作结构和支撑及腾空时间关系大致与短跑的途中跑相同。

第三步因准备起跨形成一个快速短步，动作特点与跨第一栏的最后一步相同。

障碍跑

障碍跑技术

3000 米障碍跑是长跑与障碍相结合的运动项目，全程共跨越 35 个障碍，其中有 7 次要跨越带水池的障碍。它不仅要求运动员具有长跑的身体素质和顽强的意志，而且还要求掌握正确的跨越障碍和水池的技术。

障碍跑的起跑、起跑后的加速度、障碍架间的平跑技术和终点跑技术与中长跑基本相同。

跨越障碍架技术

在径赛规则中，允许运动员在越障碍架时，可以借助手、脚或直接越过，因此，运动员可以采用"跨栏法"和"踏上跳下法"两种方法越过障碍架。

1. "跨栏法"越过障碍架技术

障碍架的高度与 400 米栏相同，用"跨栏法"越过障碍架的技术也和 400 米栏的技术相似，但因为障碍架稳固在跑道上，碰撞后不能向前倒，障碍架横木顶面又有 12.7 厘米的宽度，所以确定合理的起跨点对跨越障碍有重要的意义。障碍跑比赛不分跑道，障碍架之间的距离较长，这就决定了起跑到第一个障碍架和障碍架间，运动员不可能用固定的步数去跑。因此，培养运动员的目测能力，是准确踏上起跨点的必备条件。障碍跑属于中跑，跑的速度不是很快，起跨点距障碍架为 1.5 ~ 1.8 米。起跨前应适当加速，最后一步的步长要适当缩短，以减小着地时支撑反作用力的制动作用。起跨时，运动员的躯干稍向前，摆动腿以膝领先向前上方摆出。在骨盆迁移的同时，开始蹬伸起跨腿。在起跨结束的瞬间，躯干与起跨腿几乎成一直线。

摆动腿的膝部达到障碍架的高度，即停止上摆。为了避免腿部碰撞栏架，起跨角度要大，过障碍架时运动员臀部到栏顶留有 8～12 厘米的空余，在较好的掌握跨越障碍架技术时，逐渐减小这个空间。摆动腿在无支撑的状态下伸直，躯干更加前倾，起跨腿屈膝从体侧向躯干提拉。过障碍架时，摆动腿积极下压。下拉后躯干前倾角度逐渐减小，摆动腿以前脚掌着地。下栏后运动员身体姿势与起跨攻栏时相似，能够保持跑的速度和节奏是正确技术指标之一。

2. "踏上跳下法"越过障碍架技术

"踏上跳下法"是常用的过障碍的方法，但效果较差，用这种方法越过障碍架，由于有单腿在障碍架上的支撑过程，所以身体重心较高，对运动员前进的速度产生一定的阻力，影响过障碍的速度。

采用"踏上跳下法"越过障碍架前，应目测起跨点，调整步长，适当加快跑速。当起跨腿踏上起跨点后，摆动腿要屈膝向前上方摆出，两臂向上摆，帮助身体重心上升，当起跨腿蹬离地面后，借助蹬地的反作用力顺势屈膝上提向摆动腿靠拢，形成一个团身姿势。随着身体重心向前移，摆动腿的脚由上而下以前脚掌踏上障碍架横木并积极地屈膝缓冲，此时上体加大前倾，起跨腿顺势过栏跳下向前跑进。支撑在障碍架上的腿，在蹬离障碍架时，和平时后蹬一样不要做特别的用力。

过水池技术

在障碍赛跑中跨越水池是最困难、消耗体力最大的障碍。因为运动员既要越过障碍架又要越过长为 3 米多的水池，所以比赛的后程要在疲劳的情况下去完成。运动员越过水池，速度将下降 25% 左右。因此，掌握正确的跨过水池的技术是十分重要的。

过水池的方法有两种：一是踏上水池前的障碍架，再由障碍架上跳过水池；二是用"跨栏法"既越过障碍架，又越过水池，许多优秀的运动员都采用第一种方法。

1. 踏上水池前的障碍架，再由障碍架上跳过水池技术

用这种方法过水池时，当运动员跑到距水池 15～20 米时，就应该加快跑速，将跑速提高到能轻松地踏上水池前障碍架的程度。障碍架前最后一步要适当缩短步长，起跨点距障碍架 1.5～1.8 米。正确踏上障碍架的动作，应和跑上障碍架一样。

当起跨腿踏上起跨点时，摆动腿的大腿迅速摆到水平部位，同时双臂配合向上摆臂提肩，带动身体快速向前上方腾起。在身体重心处最高点时，躯干加大前倾，使身体重心处于较低的位置，摆动腿的脚用掌心柔和地踏上障碍架的横木上，这时膝关节弯曲成直角，使身体重心以较低的抛物线跨过栏架，并减小踏上栏架产生的阻力。脚踏上横木后，随着身体向前移动，以脚掌前排两颗鞋钉扒住横木的前沿。当躯干移过栏架时，弯曲的支撑腿开始用力向前蹬伸，此时躯干前倾适度减少，以双臂动作维持身体平衡，这时身体进入第二次腾空，形成一个向前、向下的跨步姿势。接着前腿自然放下，后腿放松折叠向躯干靠拢，前小腿指向落点，膝关节几乎伸直。落地时身体重心落在落地腿上或稍前方，以承受身体的重量。在落地脚尚未接触水池前，后腿应超过落地脚，这样落地支撑后能迅速向前跑出。落地点在离水池前沿 30～40 厘米的水中。

2. "跨栏法"既越过障碍架，又越过水池技术

当运动员跑到水池前 15～20 米处时，要加快跑速，力争跨越障碍架的一步能跨得更远些。它的特点是，起跨点距离栏架相对较近，而跨过障碍架后的落地距离栏架要远，只有这样才能落在水池较浅的水中。用"跨栏法"越过水池，要加快跑速，起跨时用力大，消耗能量较多，但身体重心的抛物线比第一种方法低很多，所以，跨越水池的速度要快得多。

障碍跑战术

在 3000 米障碍跑时，可分为从起跑到 1000 米区间，从 1000 米到

2000 米区间，从 2000 米到终点区间三部分。每个区间都有其关键的战略要领。

起跑到 1000 米区间

起跑是在直线开始，与 1500 米相同。轻松起跑是不可能的，因为每名选手都想抢占有利位置，并把第一个障碍作为目标跨过去。这时最关键是不要卷入集团中，最好是领先轻松跨过第一个障碍，但如果起跑慢了，就应在外道跑，尽可能避免与其他选手接触，跨过第一个障碍物之后，再争取有利位置。比赛的后半程，集团开始分化。前半程由于集团的原因，跨障碍时人很多，选手之间往往互相干扰。此时不要着急，在外道跑，以保证障碍物在自己的视野内。在与肩膀宽的外国选手竞争时更应该注意，因为在跨越第一个障碍时集团还未分散开，处于互相赶超阶段，容易出现相互碰撞的危险。因此，稍微绕一点跑向侧面，能够很好地观察到前面的情况，是一个好办法。当然，有实力的选手还是希望与高水平选手并列争先，互相超越。

1000 米到 2000 米区间

跑过 1000 米以后，集团逐渐开始分散开来，形成第一集团、中间集团和压后集团。由于周围的人少了，跨越障碍时容易些，但疲劳也在这时开始出现。随着疲劳程度的增大，为了跨越障碍，在跨越障碍前的一段必须有加速的意识，这是非常重要的。从 1000 米到 2000 米，一般选手都会在这一区间适当放慢速度。在前半程落后的选手就可以利用这一区间向前追赶，如果在这一阶段追不上的话，后半程就不可能取胜了。

2000 米到终点区间

从 2000 米到终点这个区间，需要一直加速冲刺，因此掌握一边加速一边跨越障碍的技术是非常重要的。在障碍前调整步伐，与前面选手的距离逐渐拉开，利用障碍间距进行追赶，但一到跨越时又被拉开，这样反复重复是由跨障碍技术所决定的。但无论如何，在最后一圈绝对不能失败，否则毫无取胜可能。比赛中在最后一个障碍摔倒的选手屡见不鲜其原因是选手们在跨越最后一个障碍时，即使没有踩上步点，也不愿跑碎步，而是强行加速跨越障碍，以决定最后的胜负，结果有的选手步点比较合适，而有些不合适，也就容易出现摔倒的现象。

接力跑

接力跑是 4 个人相互配合，技术性较为复杂的集体径赛项目。要想在比赛中取得好成绩，运动员除了必须具有高速度的奔跑能力外，同时还必须在高速度的奔跑过程中，做到运动员之间的默契、协调的配合，并做好传棒的技术和一定的竞赛战术。

在正式的比赛中，接力赛一般分为 4×100 米接力跑和 4×400 米接力跑，这两种项目的比赛形式、战技术都是大体相同的，相对于 4×100 米接力跑战技术来说，4×400 米接力跑要相对简单，但是也要注意以下几点：

（1）由于传棒人跑近终点时的速度已明显下降，接棒人应将注意力集中在接棒上；

（2）当传棒人跑近接棒人时，接棒人在慢加速跑中接棒后，继续加速跑进；

（3）第一棒采用蹲踞式起跑，起跑技术同 4×100 米接力跑的起跑；

（4）第二棒采用站立式起跑，头部侧转，目视后方，要估计好传棒人后段跑的速度。如果传棒人后段跑仍保持一定的跑速，接棒人可早些起跑；如果传棒人的跑速缓慢，接棒人应晚些起跑并主动地接棒；

（5）传棒人将棒传出后应从侧面退出跑道，避免影响其他接力队的跑进；

（6）4×400 米多采用换手传接棒技术。接棒人用右手接棒，跑到最后一个直道时再换到左手（第四棒接棒人不必换手）；也可用右手接棒后立即换到左手跑，但是一般都要左手传棒，右手接棒，在弯道上沿跑道内侧跑进；

（7）第一棒应安排起跑技术好，实力较强的队员，争取领先，有利于第二棒抢得内道领先跑的主动地位；

（8）第四棒应是全队实力最强的队员，这对全队取得最后胜利起着重要的作用。

下面我们以 4×100 米接力跑为例，具体介绍一下接力跑的战技术和战术。

在所有接力跑项目中，以 4×100 米接力跑战技术最为复杂，包括持棒人起跑、接棒人起跑、传接棒方法、各棒运动员安排、传接棒标志线确定和传接棒时机等。

4×100 米接力跑技术

持棒人起跑

持棒人起跑的动作方法：

（1）第一棒传棒人以右手持棒，采用蹲踞式起跑，起跑技术与 200 米起跑技术相同；

（2）持棒的右手用中指、无名指和小拇指抓住棒的末端，用大拇指和食指分开撑地，使接力棒离开起跑线和起跑线前的地面。

接棒人起跑

接棒人起跑的动作方法：

（1）第二、三、四棒的起跑常采用站立式起跑或半蹲踞式起跑；

（2）接棒人站在接力区后端或预跑线内（速度快的接力队都利用预跑线），两脚前后分开立，两膝弯曲，上体前倾；

（3）第二、四棒接棒人站在跑道外侧，左腿放在前面，右手撑地，身体重心略向右偏，头转向左后方，注意跑来的同队队员和起动标志线；

（4）第三棒接棒人站在跑道的内侧，右腿在前，左手撑地，头部右转，注意跑来的同队队员和起动标志线；

（5）当传棒人跑到起动标志线时，接棒人便迅速起跑。

传接棒方法

传接棒方法很多，常用的有上挑式、下压式和混合式3种。

上挑式：上挑式传接棒的特点是接棒人向后伸手的动作比较自然，容易掌握，但是接棒后手已握在接力棒的中部，待第三棒传给第四棒时，只能握住棒的前部，容易造成掉棒和影响持棒快跑。

上挑式传接棒的动作方法：

（1）接棒人的手臂自然向后伸出，手臂与躯干成40°～50°角，掌心向后，拇指与其他四指自然张开，虎口朝下；

（2）传棒人将棒由下向前上方送入接棒人的手中。

下压式：下压式传接棒的优点是每一棒次的接棒，都能握住棒的一端，便于持棒快跑。缺点是接棒时，接棒人的手臂紧张，不自然。

下压式传接棒的动作方法：

（1）接棒人的手臂自然向后伸出，手臂与躯干成50°～60°角，手腕内旋，掌心向上，拇指与其他四指自然张开，虎口朝上；

（2）传棒人将棒的前部由上向下传给接棒人的手中。

混合式：这种方法是在全程跑中综合利用上述两种传接方法的优点，动作方法是：

（1）第一棒队员用右手持棒起跑，并沿跑道内侧跑，用上挑法将棒传到第二棒左手中；

（2）第二棒左手持棒沿跑道外侧跑，用下压法把棒传到第三棒的右手中；

（3）第三棒右手持棒沿跑道内侧跑，用上挑法将棒传给第四棒左手中；

（4）第四棒接棒后跑过终点。

4×100 米接力跑战术

做好各棒运动员的安排

接力跑全程是由 4 名队员共同完成的，因此在安排各棒队员时，必须考虑尽量发挥每名队员的特长，具体方法是：

（1）第一棒一般要安排起跑和弯道跑技术较好的队员；

（2）第二棒应是专项耐力好并熟练地掌握传接棒技术的队员；

（3）第三棒除具备第二棒条件外，还应善于跑弯道；

（4）第四棒应是全队成绩最好，意志、品质和和冲刺能力最强的队员。

准确地确定好传接棒标志线

为了保证传接棒能在快速开跑中完成，必须准确地确定标志线。标志线离接棒人起跑线的距离是由传接棒队员的速度和传接棒技术熟练程度决定的，并通过两个队员的反复实践来核准。

掌握好最佳的传接棒时机

传接棒时机的准确把握能够使两棒之间顺利衔接，动作方法是：

（1）接棒队员站在预跑区的后端，当看到传棒队员跑到标志线时便迅速起跑；

（2）传棒队员跑到接力区内距接棒队员 1~1.5 米处时，立即发出传接棒信号；

（3）接棒人听到信号后迅速向后伸手接棒，此时传棒队员将棒送到接棒队员手中；

（4）传接棒一般应在接力区前沿后端 3 米左右的地方完成；

（5）传棒队员完成动作后，逐渐降低自己的跑速，待其他道次队员路过后，再离开跑道。

马拉松跑

马拉松跑技术

马拉松跑的技术，基本和长跑技术相似。因为跑距很长，而且是在公路上或在不平坦的公路上跑，所以在跑的技术上还有它的独特之处，即：步长小，步频快。上体稍向前倾或是正直。后蹬的力量比较小，大腿向前上方摆动比较低。蹬地后小腿向前上摆的动作比长跑要小些。脚落地离身体重心的投影点比较近，并且用前脚掌或脚的外侧先着地，而后过渡到全脚掌，着地时应该是柔和而富有弹性，腿应稍有弯曲和缓冲，减少地面的冲击力。两臂的摆动要自然放松，幅度不要太大。在加速跑、终点冲刺和上坡跑时，两臂要积极地配合两腿的摆动，目的是有利于跑速的加快。步长和步频要根据运动员的训练水平、身高、体重来确定，还要根据途中的地形变化进行调整，用比较均匀的速度跑完全程。呼吸的节奏要和跑速协调，呼吸时要有适宜的深度。

在上斜坡时，身体要前倾些，步长要缩短，步频要加快，两臂应积极摆动，用前脚掌着地。顺斜坡向下跑时，步长要稍大些，用全脚掌或脚跟着地（坡度较大时），上体要稍后仰，并要控制跑速，保持适宜的步长和步频。在公路上跑时，要跑在路面的平坦处。

总之，马拉松跑的动作要做到协调、省力、跑速均匀，要善于在地形起伏的公路上改变跑的动作。马拉松跑的运动量非常大，因此，在跑时必须注意跑的技术的合理性和动作的节奏性。不参加活动的肌肉要充分放松。所以，在平时练习中，运动员要反复地体会动作，掌握合理的技术，才能不断地提高运动成绩。

马拉松跑的战术

虽然马拉松跑主要靠的是个人训练水平，但在比赛中也应了解战术的应用。特别是成绩很接近的运动员，为了争夺名次，战术的应用显得更为重要。一般运动员，为了提高成绩，只想按照自己预定的计划跑，而不管别人如何跑是不现实的。既要按自己的训练水平跑，又要适应当时的比赛环境，就应该懂得有关战术的知识，更好地适应和对付比赛中的突发情况，来达到个人的预期目的。

赛前战术

马拉松竞赛不仅是运动员跑的能力的较量，也是其心理机能的较量。在竞赛中要充分发挥跑的能力，同时，也需要充分开发运动心理机能。这两种能力密切相关，两种能力建立的基础都是训练。平时训练水平对战术训练当然是重要的。但是，为了在竞赛中创造优异运动成绩或夺取好名次，还必须在赛前根据竞赛路线进行专门的战术训练，掌握好的比赛战术。

马拉松比赛有全程的或半程的比赛。比赛的距离越长，赛前在竞赛路线上的训练越是重要。因为，其路线上的情况越复杂，对运动员影响的因素也越多，运动员的心理状态也就更易表现。一般表现为：充满信心，信心不足，没有信心；情绪高涨，情绪一般，情绪低落；积极参与，随流参与，盲目参与等。这些表现与平时马拉松跑的能力训练水平有关，也与了解、熟悉和在竞赛路线上的训练程度有关。

在国内外，尤其是参加国际级马拉松跑竞赛，各国、各地区大多数运动员因受各种条件限制，赛前不大可能在竞赛路线上进行必要的训练，很难有按照竞赛路线图全程试跑的机会。比赛开始时，难免在心理上会有不同程度的盲目性。为了克服竞赛中的盲目性心理状态，笔者认为在大赛前一段时间内，运动员应尽力争取安排一定次数的竞赛路线上实地的战术训练或模拟实地战术训练，这是提高运动成绩和获得比赛胜利不可缺少的。

1. 赛前熟悉竞赛路线

以较小强度或中等强度为宜、运动量相对不大的跑步，了解、熟悉和适应竞赛路线、环境、自身的反应适应与调节等。训练约 2～3 次。

2. 赛前按竞赛路线实地全程跑

根据个人实力、当地气候（气温、湿度、风速等）、地形、比赛目的、作息时间、竞赛时间、主要对手等制定个人竞赛战术计划，在赛前10 天进行全程跑（2～3 次）战术训练，将竞赛路线"跑熟"、"跑近"。

"跑熟"路线，即用跑了解、适应、掌握以及与环境融合一体。可以避免因某种不适、不了解等突发因素跑不好，甚至半途而废。

为什么要把路线"跑近"呢？42.195 公里，是一点不可跑少的，却是常常会多跑一点距离，路线熟悉，就不会多跑距离，路线不熟悉，在拐弯处多跑 1～2 米会对成绩名次有重要影响。所以，通过多跑路线，就会从心理上产生"近距感"，否则将会增加运动员的心理负担，导致信心不足或丧失信心。

3. 模拟竞赛路线的全程跑

马拉松跑竞赛路线示意图，承办竞赛单位会在赛前半年至一年时发给各参赛单位和运动员。大多数运动员不可能数日前到承办国或省市的竞赛路线上进行多次实地战术训练，所以，模拟竞赛路线的战术训练是较多运用的。

模拟竞赛时的马拉松跑的路线不可能都相同，要尽可能寻找类似气候、海拔高度、地形等环境进行模拟全程跑的战术训练，便于让运动员生理器官和运动器官以及心理机能训练得以适应、锻炼和改善。例如，若竞赛路线设在平原地带城市，平时在高原地域训练的运动员，赛前一段时间也要去平原进行一定的赛前战术训练；若竞赛路线设在海拔较高的高原城市，那么常在平原地域训练的运动员赛前就需较多地去基本相同的海拔高度的高原上进行训练和赛前全程跑的战术训练。这是训练常识，但做好很难。有时可用较快的跑段模拟上坡跑段的跑法；以较放松轻快的跑段模拟下坡跑段的跑法，运动员在"有氧无氧"跑和用力状况近似即可。

总之，应较全面地模拟竞赛路线，进行赛前的战术训练。

4. 充分发挥实力，调整跑位，确保主动，不多跑距离

能充分发挥自己跑的实力的战术，应该是最好的战术。但是，众多的运动员参加马拉松跑比赛，比赛距离长、时间长，地形、环境变化较多，有距离标记、饮水站，有很多观众，特别是对手较多，这些客观因素，都对参赛运动员产生影响。

马拉松跑不是短程分道跑比赛，起跑后在成群结队中跑进，难免都要跑在这一人群或那一组里，即形成若干集团在跑进。跑出一段距离后，运动员就要按自己的实力选择某一集团，这应是自觉地选择。这一选择也不是选定不变的。如果开始跑在第一集团中，跑速也与自己的实力、计划相似，就在第一集团跑进；如果感到第一集团的跑速高于自己实力，千万不可"硬跟"，"硬跟"很快就会导致失败，那就应按自己不大费力的速度跑。如果适合第二集团的跑速，就在第二集团中跑。如果在第二集团里跑觉得束缚自己跑的实力，就逐渐超出。当然，也不一定都要参加某一集团，总之，要按自己实力跑。

无论处在何种情况的跑进中，切记不要采用超出自己实力的领先跑，不要采用突然迅猛的加速跑。马拉松运动员的竞赛是意志的竞争，也是聪明、智慧的竞争。

起跑的战术

在田径场跑道上进行长跑比赛时，每组的参赛人数是有限制的，但马拉松跑起跑时则不然，在人数众多的情况下，一开始跑到有利的位置是不容易的。一般有两种情况出现：一种是跑在外侧的运动员总是被挤

在外侧跑，而增加了跑的距离；一种是没有及时冲向前面占据好的位置，而被众多的人所包围，造成跑速减慢和心情急躁。解决的办法是：外侧跑的运动员应该逐渐向内靠近，寻找时机插向有利的位置；被包围的运动员应该做到心情不急躁，保持步频，缩短步长，等待时机冲出包围圈。

另外，被包围的运动员为了防止拥挤和被他人踩脚或踩掉鞋，可以采用两臂左右摇动张开幅度大的动作，来扩大个人所占的面积，用大腿稍抬高的方法来预防被踩掉鞋或脚后跟。

途中跑的战术

运动员参加比赛有两种不同的目的，一种是为了提高成绩，一种是为了争夺名次。前者运动员的战术很简单，只要不影响自己的跑速，就不受他人的威胁、迷惑和干扰，始终按照自己的计划和速度感来跑。若受到干扰时（被包围、被阻挡、并列跑等情况），应尽快突破包围圈和超越他人，来减少损失的时间。

后者在途中跑时可能会遇到难以预料的情况，所以要求运动员要有对付突发事件的能力。如果领先者与自己的运动成绩相差无几，就应该有勇气跟随对方或超越对方。假若对方的跑速突然加快或采用变速跑的战术，企图破坏你的速度感，或是想把你拉垮，你也应该有信心，逐步赶上或超过对方。如果对方确实比你的水平高，你也不要盲从，而应该按照自己的计划去跑，仍然能达到自己应该获得的名次。没有比赛经验的运动员，往往犯一种通病，就是盲目地跟随快者，甚至快速领先跑，造成全程前快后慢，其结果是体力消耗过大，越跑越没信心，最后导致中途退场。

运动成绩接近的运动员，有的速度较好，有的专项耐力较好，为了取得好的名次，他们所采用的战术就有所不同。一般速度较好的，多采用跟随跑战术；专项耐力较好的，多采用领先跑战术。跟随跑者一般也不要落后对方太远，否则追赶或超越就会困难，甚至失去追赶的信心。

　　根据运动员的个性和习惯的不同，在途中有领先的和跟随的两种类型。领先者的目的是想主宰跑的战术，并想使别人服从他的指挥，但他又必须随时准备被别人超越。跟随者在精神上是比较放松的，当发现领先者减速时，就可以果断地超过领先者。另外，提示每个运动员都应该具备领先跑和跟随跑的经验，这样就不会不适应比赛中的变化。在平日集体练习时，有目的地培养每个运动员的领先跑和跟随跑的本领是非常必要的。

　　在途中跑时，有时会伴有下腹及肋侧疼痛现象出现，如果不很严重，可以用减速和局部按压、调整呼吸的方法加以克服，逐渐恢复正常。

　　终点冲刺战术

　　终点冲刺就是使出个人全部储备力量，用最大的努力来战胜对手和战胜自己，创造出优异的成绩或名次。在冲刺的时候必须根据个人的体能来确定冲刺的距离，一般是在最后 500 ~ 1000 米，甚至再长些距离开始冲刺。耐力好而速度差的人，应该提早些冲刺，以免到终点后自己的体能还没有得到充分地发挥。速度好而耐力较差的人，假若过早冲刺就可能出现越跑越慢，最后被多人超越而失败。

　　另外，成绩的取得还要靠顽强的毅力和信念，顽强的毅力突出表现在终点冲刺。由于运动员的精神力量和必胜信心，他们将会超越一个又一个人，并能创造出奇迹。如果运动员的毅力差而又失去信心，他们的情绪就会低落下来，而被别人一个又一个地超越，最终造成失败。在冲刺过程中，不管后面是否有人跟随或有人想超越自己，都应该是全力以赴冲过终点线。

PART 7　裁判标准

裁判长工作职责

任务

径赛裁判长在总裁判长领导下进行工作，负责径赛项目的裁判工作（包括发令、终点摄影计时、终点、手计时、检查、风速测量、各裁判组的裁判工作及有关终端操作员的工作），保证径赛项目准时比赛。

职责

（1）认真执行规则和规程的各项规定，处理发生于运动会期间的以及规则未作明文规定的任务问题。

（2）处理有争议的问题。当有关裁判员对运动员名次有争议而不能判定时，有权判定比赛名次。

（3）对有关比赛进行中提出的抗议或异议作出裁决。

（4）有权对有不正当行为的运动员提出警告或取消其比赛资格。

（5）认为某项比赛应予重赛才公平时，有权宣布该项比赛无效，并作出在当日或其他时间重新比赛的决定。在作出决定前，应向总裁判长报告。

工作方法

1. 赛前

（1）根据大会及总裁判长的安排，领导及组织径赛各裁判组学习规则和竞赛规程，研究各裁判组的工作方法。

（2）带领各裁判组熟悉各自的场地、器材和设备，根据各组需要器材及用品的清单核实检查。

（3）带领各组电子设备裁判员熟悉掌握各种电子设备，确保电子设备准确无误。

（4）召开径赛各主裁判会议，研究和落实具体的学习、实习等工作计划。

（5）组织和领导各裁判组进行现场实习。

（6）设想比赛中可能发生的各种问题和解决问题的方案，让各有关裁判组在赛前做好一切防范措施。

（7）在技术会议前，向总裁判长提供径赛方面应宣布事项的书面材料。

2. 赛中

（1）每一单元前按大会规定的时间、地点集合，检查各组裁判员人数，建议和提示各组在本单元工作要点、难点及注意事项。并与现场指挥联系，准备进场。

（2）裁判员进场后，按竞赛日程排定的项目，径赛裁判长分头检查各组的工作。

（3）比赛开始后，与现场指挥配合，掌握好比赛的进程，按时比赛。

（4）中长距离跑项目比赛时，加强督促记圈员的工作，积极配合场外径赛的工作。

（5）比赛中，径赛裁判长要掌握第一手材料，为了处理好比赛中可能出现的问题，注意观察每组运动员的比赛全过程。

（6）出现犯规情况，要亲临犯规地点，察看现场和检查报告单，必要时应询问该区的检查员，包括看现场录像，认定犯规情节后，按规则精神，慎重、果断地判罚。

（7）对比赛中因他人影响而受损失的运动员，可令其参加另一组比赛或下一赛次的比赛，或令该组重赛。在作出决定前，要与总裁判长研究。

（8）比赛中有权对有不正当行为的运动员提出警告或取消其比赛资格。给予运动员警告，应向运动员出示黄牌；取消其比赛资格，应出示红牌。这两种处分均应填入成绩记录卡。

（9）若认为某项比赛不公允，有权宣布比赛无效，并作出在当日或另行安排时间重新比赛的决定。但作出决定前一定要报告总裁判长，并通过竞赛秘书组，以便统筹安排。

3. 赛后

（1）每一单元结束，要及时向各裁判组了解情况，如发现问题应及时提出解决办法。

（2）归还各种器材和电子设备。

（3）汇总各组小结，写出径赛裁判工作总结，并上报总裁判长。

其他裁判人员工作职责

起点裁判职责

任务

根据田径竞赛规则的有关规定和竞赛规程及现场指挥中心规定的工作程序，组织各项径赛运动员按时进行比赛。

职责

（1）发令员在赛前必须组织学习规程和规则，进行详细分工，研究工作方法，组织现场实习，熟悉场地、起点位置、器材情况等。

（2）助理发令员在赛前 10 分钟时从引导员处接收运动员，并核实运动员参赛号码、道次号、道次。组织运动员安装起跑器和进行练习。

（3）赛前 4 分钟，助理发令员通知运动员停止练习，站在起跑线后各自的道次集合线上候令。

（4）赛前 2 分钟，指挥中心发出比赛即将开始的信号，显示屏幕上显示本组各道次运动员的检录表，同时宣告员介绍运动员。

（5）宣告员介绍运动员完毕，终点摄影计时组起点工作人员通过对讲机向终点摄影计时室报告即将发令，计时器回零。发令员看到传感指示灯亮立即发出"各就位"口令。此时，助理发令员要认真检查运动员的"各就位"动作，待动作符合规则时，即举手（或举白旗）示意，发令员则可发出"预备"口令，待运动员完全稳定后才能鸣枪。

（6）发令员的口令要清晰洪亮，"各就位"口令要长一些，"预备"口令要平稳短促。"预备"到鸣枪应以运动员身体稳定为准，举枪时应举到烟屏中央稍下一点，鸣枪后稍停片刻再放下。发现运动员犯规，立即鸣枪召回。

终点摄影计时裁判职责

准确、迅速地计取径赛运动员的比赛成绩，确保分段成绩显示牌的正常工作，保证起点设备的正确使用。

人工计时裁判工作

任务

准确计取径赛项目运动员的分段及全程比赛成绩，协助终点裁判组做好长距离跑比赛的记圈工作。

职责

（1）赛前计时主裁判组织计时员学习规程和规则，进行分工和计时方法的实习。

（2）各项比赛开始前 3~5 分钟，计时主裁判将手计时成绩记录卡交给最下边第一道计时员迅速往上传递。

（3）当听到比赛即将开始的音乐铃声或其他信号时，计时员应立即回表。若无类似信号时，计时主裁判应发出"回表"口令。

（4）计时员回表后，应立即注视起点，并力求辨认清楚自己所记道次运动员的特征，然后应全神贯注于烟屏，并按紧电子秒表的按键，见烟或光开表。

（5）当自己所负责的运动员接近终点时，应按紧停表键，这时应主要目光看终点线后沿垂直面，用余光看运动员，直至运动员的躯干（不包括头、颈、臂、手、腿和脚）的任何部分到达终点线后沿垂直面瞬间停表为止。

（6）计时主裁判收起成绩记录卡后，立即审核，必要时应检验计时员的秒表。审核无误后，将成绩记录卡送交竞赛记录员。

（7）不同竞赛项目的计时方法：分道和部分分道跑的径赛项目，采用按道次分工计时与按名次计时相结合的计时方法。在不分道跑的径赛项目中，采用"人盯人"计时记圈方法。

终点、记圈和检查裁判工作

任务

准确、迅速地判定径赛运动员到达终点的名次，并担任中长跑的记圈工作。

职责

（1）赛前必须认真学习径赛章程和规则，搞好现场实习。

（2）分道跑项目的裁判方法采用按名次分工的方法，即裁判员每人看一个名次，同兼看一个与主看名次相邻的名次。

（3）不分道跑项目的裁判方法多采用"人盯人到底"的方法。

（4）接力赛跑时，各接力区检查员要核对运动员的单位、道次、号码，并组织上道。

（5）发现运动员犯规时，应用胶布在犯规地点做记号，用旗示意或用对讲机向主裁判报告，同时填写检查报告表。

（6）检查主裁判的位置一般在终点附近。不同项目的检查员分布在跑道两侧不同位置。

（7）各项目检查的要点与方法：分道跑（包括部分分道跑）项目，检查的重点为运动员跑出自己的分道，妨碍他人或踏在左侧分道线上；运动员得到外界帮助；检查运动员在弯道跑的过程中有无犯规情况或以任何方式阻碍其他运动员；运动员是否跑过抢道标志线，切入里道。检查的难点是对运动员犯规一瞬间情况能否看清、抓准，能否准确判断运动员跑过抢道标志线和弯道进入直道有无犯规的情况。检查的方法是：运动员出发后，检查员目光追随运动员移动，当进入自己的检查区域时，应全神贯注地观察有无犯规情况。弯道的检查，开始应正面观察运动员跑进，当运动员跑过自己的位置时，则转身从背后观察。在抢道标志线切入处，观察运动员是否提前跑入里道，其方法是目迎目送。

（8）不分道跑的项目，检查的重点是：运动员起跑出发后，在弯道超对手所发生的冲撞、推挤和踩踏他人现象，是否有擅自离开跑道或比赛线路，在超越时是否有阻挡动作。

PART 8 赛事组织

申办程序

申办国际性赛跑比赛

由申办国或申办国地区政府委托该国田径协会向国际田径联合会提出书面报告（申请）。根据比赛的级别和规模，申办国或申办国某地区应在比赛前一年至数年向主办机构（国际田联）提交包括以下主要内容申报报告：

（1）申办国政府的信件；

（2）申办城市市长的信件；

（3）申办国田径协会主席的信件；

（4）按照要求填写比赛时间、比赛地点、比赛规模、比赛水平、比赛场地设施条件、食宿和交通概况；

（5）裁判员水平以及组织管理能力；

（6）申办城市地图，比赛及训练场地的示意图。

申办中国田径协会主办的田径比赛

申办单位应于比赛前一年向国家体育总局田径运动管理中心提交内容如下的申请报告：

（1）申办单位（省部级）的申请信；

（2）承办比赛所能提供的场地、器材、食宿、交通、通讯、经费等服务条件；

（3）承办比赛的裁判员水平和组织管理能力；

（4）申办城市或单位提供比赛和训练场地示意图。

承办大型田径比赛必须具备的条件

（1）有举办相应级别和规模比赛的组织水平和能力；

（2）有符合举办大型田径比赛要求的场地、器材、各种功能用房和网络通讯的条件；

（3）有符合主办机构要求的裁判员队伍；

（4）能提供良好的训练、食宿、安保、医疗、交通、通讯等服务；

（5）赛后 10 个工作日内能将比赛的所有资料提交主办机构。

田径比赛的过程管理

主办机构与承办机构

主办机构具有负责比赛的竞赛工作，负责审批竞赛规程等比赛文件，并对规程、规定等比赛文件拥有解释权，同时向承办单位赛区指派技术代表、技术官员和仲裁委员。承办机构应将主办机构批准的各种有关文件寄发各参赛单位，并按主办机构的要求组织管理竞赛。承办机构应认真贯彻执行主办机构发布的有关竞赛工作的文件精神和大会组织委员会确定的有关规定。

比赛的组织机构和主要会议

1. 组织委员会

组织委员会下设秘书处、竞赛处、接待处、新闻宣传处、安全保卫处、行政处、财务处、医疗卫生等部门。组织委员会负责赛区的全面工作，保证严格履行申办协议，确保比赛的顺利进行。

2. 仲裁委员会

仲裁委员会是竞赛的仲裁机构，在组织委员会的领导下独立工作。仲裁委员会人选由主办机构指派，一般由 3 人、5 人或 7 人组成。

3. 组委会会议

由组织委员会成员、各部门负责人、技术代表、仲裁委员会主席、官员领队、总裁判长参加，负责会议通报、研究赛区主要工作。

4. 技术会议

由技术代表、技术官员、兴奋剂检查代表、仲裁委员、主裁判长、场外主裁判、各参赛单位主教练参加，会议内容是宣布有关竞赛事宜，回答代表书面问题，确认参赛运动员名单等。

5. 全体裁判员会议

由技术官员和全体裁判员参加，进行参赛前动员，统一思想，明确裁判员分工，进行业务培训，统一裁判方法和尺度，提高裁判员执法水平。

参赛单位对比赛中处理决定有异议时提出建议的程序

（1）对各次会议上未涉及的问题有异议，参赛队领导可以口头形式向组织委员会或其所属办事机构进行询问，组织委员会和有关部门应认真对待并加以解决。

（2）对比赛规程有异议，应由主办机构做出解释。

（3）对运动员的参赛资格提出抗议，必须在运动会开始前向技术代表提出。

（4）在比赛中对裁判员的判罚有异议，首先由运动员本人或其代表向有关裁判长提出口头申诉，有关裁判长可就此作出答复。如申诉者对裁判长的答复仍有异议，有关领队可在该项成绩宣告后 30 分钟内，以书面形式连同大会规定的申诉费一并向仲裁委员会提出申诉。仲裁委员会的裁决为最终裁决。

竞赛通用文件及流程

技术手册

《技术手册》是一本以发布竞赛规程为主要内容的手册，手册中竞赛规程需要得到主办机构的批准，除此之外，手册还应介绍与比赛有关的情况。大型国际比赛的《技术手册》，按规定要在赛前一年寄给参赛国家。

1. 竞赛总日程表

该部分包括本届赛会的竞赛项目名称，以及这些项目具体的比赛日程，通常要以图、表的形式表示。

2. 组织情况

介绍主办机构的主要成员，竞赛组委会成员及组委会下设各机构负责人的姓名、地址和通讯方式。

3. 竞赛规程

（1）竞赛的日期和地点。

（2）场地情况。分别介绍比赛场地和训练场地的地点、设置和一般情况。

（3）比赛项目。列出男、女比赛的详细项目。

（4）比赛日程。按日期列出各项比赛及其赛次。此日程表是各国运动员在赛前一年安排训练、生活的重要依据，无特殊情况下不宜变动。

（5）参赛办法。包括报名条件、各项限报人数、每人限报项数以及其他需要说明的竞赛事宜。

（6）报名事宜。一般分为初步报名、最后报名、最后确认三个步骤。

初步报名：只报项目和人数，应告知初步报名的截止时间，一般是比赛开始日的前 3 ~ 4 个月。

最后报名：只报项目和姓名，应告知最后报名的截止时间，一般是比赛开始日的前 1 个月。

最后确认：通常在每项比赛前 2 天的 12：00 以前，由各参赛队将最后确认参赛的运动员名单交到大会指挥部门。

（7）比赛办法。规定比赛采用的竞赛规则。

（8）医疗监督。分为兴奋剂检查和性别检查两部分。

兴奋剂检查：根据国际田联的有关规定，在比赛期间进行兴奋剂检查，检查办法和检查运动员的人数由组委会与有关委员会共同商议。

性别检查：根据国际田联的有关规定，医务代表认为有必要时，有权安排运动员进行性别检查。已获得国际田联出具的女性证明书的运动员可免检。

（9）器材。由组委会提供比赛、训练、准备活动用的器材。所有器材均应符合国际田联有关规定。

（10）竞赛须知。首先明确竞赛的负责结构，然后在有关机构的指导下负责田径项目的竞赛组织工作。同时，还应说明技术官员、裁判员的选派方法，技术会议召开的时间和内容，有关抗议的规定和运动员着装规定等。

（11）颁奖仪式和奖励。每项比赛结束后举行颁奖仪式，参加颁奖仪式的运动员应穿着本国主管部门批准的正式国家队或俱乐部服装。各项目均录取前三名并给予奖励。

4. 比赛地点简介

一般介绍比赛城市的历史、风景名胜、比赛场馆、住宿和交通等情况。

5. 气候概况

主要介绍比赛地点的历史和在比赛期间的气候情况，包括平均气温、平均最高气温、极端最高气温、平均最低气温、极端最低气温、平均相对湿度、平均日照时数、平均风速、平均降水量等等气候条件，以便各参赛国运动员更科学、细致地安排好赛期的训练和生活起居。

6. 地图

一般应包括比赛主场地、训练场地、住宿地等在该城市的位置。

7. 比赛场地简易图

该图应标明各项比赛的场地位置。

竞赛流程

大型国际比赛的竞赛流程图：

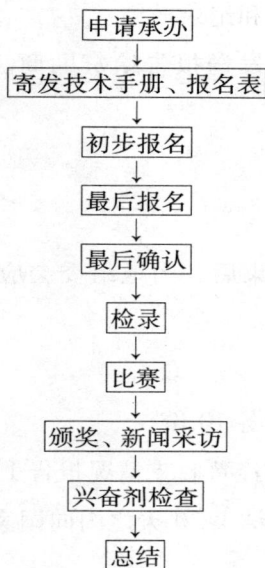

```
          申请承办
             ↓
    寄发技术手册、报名表
             ↓
          初步报名
             ↓
          最后报名
             ↓
          最后确认
             ↓
           检录
             ↓
           比赛
             ↓
      颁奖、新闻采访
             ↓
         兴奋剂检查
             ↓
           总结
```

赛后工作安排

赛后工作

（1）比赛结束后，及时把创纪录（含超纪录、平纪录）运动员、团体总分、各单位获奖牌数等资料进行编制和印发比赛成绩册。

（2）办理各队离开赛区的各种手续，以便他们能及时离会。

（3）对即将离开的人员，如裁判员、志愿者、观众及赞助商表示感谢。

（4）用于比赛的场地、器材、服装、用具等物质设备的归还、转让、出售和处理。

（5）用于比赛的所有文件资料归类、整理好交主办单位存档。

（6）财务决算、平衡账目。

（7）申报等级运动员和纪录成绩。

（8）进行工作总结，发送报告给赞助商、当地政府和上级体育主管部门。

赛后的报告与评估

1. 相关报告

国际大型竞赛项目结束后，当地组委会应当在比赛结束后 30 天内向国际田联提交以下材料：

（1）赛事总结 1 份

（2）秩序册和成绩册各 10 份

（3）赛事商业开发和经费收支情况报告 1 份

国内大型赛事在比赛结束 20 天之内向国家田协提交上述材料。

2. 赛事评估

大型赛事结束后应对该次赛事进行评估。赛事的评估可以为赛事提供重要的统计数据，为赛事参与者提供反馈，给后续赛事提供借鉴与参考。

赛事评估常用的手段有数据收集、观察与会议、调查问卷和测量等。评估内容一般包括：赛事的组织水平、每单元比赛的观众数、媒体的参与情况、赛场的展示、裁判工作水平等。

PART 9 礼仪规范

入场礼仪

以奥运会为例，入场时，各运动员是以一种愉悦的心情来参加奥运会的，因此会有一定的随意性，例如，向观众招手、照相留念等。但就礼仪规范来说，对运动员行进姿势还是有一定的要求。

运动员入场

行进的要求。行姿属于人的全身性综合运动，对运动员总的要求是：轻松、矫健、优美、匀速。

（1）全身伸直，昂首挺胸。在行进中，要面朝前方，双目平视，头部端正，胸部挺起，背部、腰部、膝部要避免弯曲，使全身看上去形成一条直线。

（2）起步前倾，重心在前。在行进中，身体稍稍前倾。需要注意的是，当前脚落地、后脚离地时，膝盖一定要伸直，踏下脚之后再略微放松，并即刻使自己的重心前移，如此才会显得步态优美。

（3）脚尖前伸，步幅适中。在行进时，向前伸出的那只脚要保持脚尖向前，尽量不要内向或外向。所谓步幅适中，是指行走时保持前脚脚跟和后脚脚尖二者间距离为一脚长。

（4）直线前进，由始至终。在行进时，双脚两侧走出的轨迹，应尽量呈现为一条直线。与此同时，要避免身体在行进过程中的左摇右摆。

（5）双肩平稳，两臂摆动。在行进中，双肩、双臂要自然，切忌过于僵硬呆板。双臂应一前一后地、有节奏地自然摆动，摆动的幅度以30°为佳。

（6）全身协调，匀速前进。在行进时，大体上在某一个阶段中速度要均匀，要有节奏感。

在行进中也会有一些禁忌。按照礼仪规范，运动员在行进中有一些基本的禁忌。如果不注意，就会造成失礼。一般而言，禁忌主要有之：

（1）方向不确定。在行走过程中，应保持平直的行进路线，不应左右不定。

（2）瞻前顾后。行走过程中，不应左顾右盼，尤其不应回头注视身后。

（3）速度多变。应保持匀速行进，不应忽快忽慢。

赛前礼仪

比赛开始前后的各项仪式中，运动员站立的姿势是其良好精神面貌的具体体现，是十分重要的。

对于运动员来讲，其站姿的基本要求是：头端，肩平，胸挺，腹收，身正，手垂。在涉及具体要求时，男女运动员又略有不同，其要点如下：

（1）男运动员的站姿

一般而言，男运动员在站立时，要双脚平行，大致与肩同宽，最好间距不超过一脚之宽。并应全身正直，双肩稍稍向后展，头部抬起。

（2）女运动员的站姿

女运动员站立时，应当挺胸，收颌，目视前方。在站立之时，女子可以将重心置于某一脚上，即一脚伸直，另一条腿则略微前伸或者弯曲，或者双脚脚跟并拢，脚尖分开，张开的脚尖大约相距10厘米，张角约为45°，呈现"V"形。

（3）站姿的禁忌

全身不够端正。站立时强调身体要端正，尽量避免头歪、肩斜、臂曲、胸凹、腹凸、背弓、臀翘、膝屈。

双脚叉开过大。如果站立过久，允许稍微的调整一下，即双脚可适当地叉开一些，但出于美观的考虑，切勿叉开过大，尤其是女性更要谨记。

双脚随意乱动。在站立时，双脚要老实规矩，不可肆意乱动。

领奖礼仪

颁奖仪式，在此是指一项比赛结束后，为获得冠、亚、季军的优秀运动员或运动队颁发金、银、铜牌的具体程序。

举行比较高级别的运动会的颁奖仪式时，通常都设置阶梯形领奖台。届时冠军站在中间最高的一级台阶上，亚军站在冠军右侧较低的一级台阶上，季军站在冠军左侧更低的一级台阶上。

在国际比赛当中，一般在颁奖仪式中奏冠军所在国家的国歌，并同时升冠、亚、季军三国国旗。其中冠军国国旗居中，位置最高；亚军国国旗居右，位置次之；季军国国旗居左，位置最低。此处所言左中右是指就国旗自身而言，而不是从观众视角看上去的左中右。

在颁奖仪式上，获奖的运动员在嘉宾为自己颁发奖牌时，需注意以下几点：

颁奖程序。获得冠军、亚军、季军的参赛运动员，应身着正式服装或运动服登上领奖台，并面向官员席。

基本礼节。在国际级别的运动会上，颁奖嘉宾和运动员都会互相致意。现在所通行的礼节有二：

（1）拥抱礼。在西方，特别是在欧美国家，拥抱是十分常见的一种礼节。如今在奥运会颁奖仪式上，颁奖嘉宾为运动员颁奖之后，相互都会习惯性地行拥抱礼。正规的拥抱礼通常应为：双方面对面站立，各自举起右臂，将右手搭在对方左肩后面，同时左臂下垂，左手扶住对方右腰后侧。

（2）亲吻礼。亲吻礼也是奥运颁奖仪式上常见的礼节之一，它往往会与拥抱礼同时采用。即双方既拥抱、又亲吻。行亲吻礼，通常以自己的唇部接触对方的面部，但忌讳发出亲吻的声音，而且不应当将唾液弄到对方脸上。

除了向嘉宾致意之外，运动员还应该向观众致意，以示感谢。

在颁奖仪式上，赛会方在介绍冠、亚、季军以及升旗仪式时，观众应保持安静。在介绍完获奖运动员或者升旗仪式之后，则可以尽情地欢呼和鼓掌。

握手礼仪

握手是通用的一种礼节，也是在国际上所广泛使用的致意方式。在各种运动会比赛前后，在运动员和运动员之间、运动员和裁判员之间、运动员和嘉宾之间都常常会行握手礼。

在行握手礼时，动作、方式、顺序、表情等都有所讲究。总的来说，有以下三点值得注意。

讲究方式。在行握手礼时，双方均应该保持站立，并迎向对方，坐者此刻则应该起立。在伸手与他人相握时，手掌应垂直于地面，以右手与对方右手相握。握手时，应该稍许用力，上下晃动几次，并且停留两三秒钟。在与男士握手时，力度应该较与女士握手时大，并且应该握住全部手掌。与女士握手时，则不宜过紧，并且只需轻轻握住手掌的前部和手指。在握手的过程中，要注视对方的眼睛，不能"目中无人"。并应同时面带微笑，伴以简单的问候语。

注意顺序。握手时，讲究"尊者居前"，即应该由双方中地位较高的一方先伸手。在女士和男士握手时，应该由女士先伸手。在运动员与裁判员或者嘉宾握手时，一般是裁判员或者嘉宾先伸手。在东道主运动员与其他国家的运动员握手时，应由东道主运动员先伸手，以表示欢迎。在与多人握手时，则应该遵循"由尊而卑"或者"由近而远"的顺序。

避免犯忌。握手时的禁忌包括以下五点：

（1）不宜用左手与人握手。用左手与人握手是极不礼貌的行为，握手只能用右手。

（2）不宜用双手与异性握手。与异性握手，只能用单手轻握的方式。

（3）不宜与多人交叉握手。在与多人握手时，应该依次进行，不能交叉握手。

（4）不宜戴着墨镜与人握手。

（5）不宜戴着手套与人握手。在某些戴手套的运动项目中，运动员应该先脱掉手套再与人握手。

观赛礼仪

以奥运会为例，在观看径赛比赛时，应该遵守以下几点：

（1）观看比赛前应提前入座，这样，既尊重运动员，也不影响其他观众观看比赛。

（2）玻璃瓶、易拉罐饮料都是不允许带进场地的，比赛时只允许带软包装饮料进入赛场。垃圾要用方便袋或者纸袋自行带出。

（3）观众的衣着要整洁、大方，不可太随便。

（4）手机要关机或设置在振动、静音状态。

（5）赛场内禁止吸烟。

（6）运动员出场的时候，观众应该给予鼓励和掌声，不应该只给自己本国的运动员或者是自己喜欢的运动员，应该包括所有参赛的运动员。

（7）在进行短距离竞赛项目时，当运动员站在起跑线后，宣告员开始介绍每位运动员的时候，观众应报以热烈的掌声和欢呼声，以表示对运动员的喜爱和支持。当裁判员发出"各就位"口令后，即运动员俯身准备起跑的时候，赛场应该保持绝对的安静，观众不要鼓掌呐喊，而应该在心里默默地为运动员加油，以免使场上运动员由于场外因素而分神。当发令枪响后，观众就可以释放出自己的活力和激情，为自己的偶像呐喊助威了。

（8）在一些长距离的项目中，如马拉松，当远远落后的运动员坚持到终点时，观众应该把最热烈的掌声送给这些运动员，为其重在参与的精神鼓掌。

（9）比赛结束时，获胜运动员为答谢观众一般会绕场一周，大家一定要用掌声和欢呼声为其精彩的表现表示鼓励。

（10）颁奖升旗奏国歌时，应肃静起立，不要谈笑或做其他事情，以示尊重。

PART 10 明星花絮

曲云霞

最早震惊世界的中国径赛冠军

中文名：曲云霞
出生地：辽宁省大连市
出生日期：1972.12.8
运动项目：中跑

曲云霞1988年入选辽宁田径队，师从于著名教练马俊仁，主攻中跑项目。在训练中她非常刻苦认真，在教练的细心教导下，通过多年系统训练，她形成了步频快、步幅适中、冲刺能力强的技术风格。多次在国际大赛上获得优异的成绩，在1992年巴塞罗那举行的第二十五届奥运会上，她以3分57秒08的成

曲云霞

绩获得铜牌，成为中国第一位获奥运会中跑项目奖牌的运动员。在1993年第七届全运会上，以3分50秒46的成绩打破女子1500米世界

纪录，并一直保持至今。曲云霞职业生涯中多次被评选为"全国田径最佳运动员"，于1997年退役。

主要战绩

1990年，第三届世界青年田径锦标赛女子1500米冠军；

1991年，亚洲田径锦标赛女子800米、1500米冠军；同年在第十六届世界大学生运动会上获得女子1500米冠军，并打破这项运动的亚洲纪录；

1992年，第二十五届巴塞罗那奥运会，获得女子1500米季军；

1993年，世锦赛3000米冠军；第七届全运会女子1500米冠军，并打破世界纪录；

1994年，第十二届亚运会，获得女子800米和1500米两项冠军。

王军霞

东方神鹿

中文名：王军霞

出生地：吉林省蛟河市

出生日期：1973.1.19

运动项目：中长跑

王军霞于1991年入选辽宁省田径队，1995年9月入选国家田径队。作为我国历史上最出色的田径选手之一，生在农村的王军霞由于家庭生活条件艰苦，从小就养成了吃苦耐劳的优良品质，再加上科学训练，终于成长为中国的"东方神鹿"。

1993 年，王军霞在北京举行的第七届全运会上以 8 分 06 秒 11 的成绩打破世界女子 3000 米纪录，并以 29 分 31 秒 78 的成绩打破世界女子 10000 米纪录，成为世界上首位突破女子 10000 米跑"30 分钟大关"的运动员，这两项纪录一直保持至今。

1996 年，首次参加奥运会的王军霞以 14 分 59 秒 88 的成绩获得女子 5000 米金牌，并获女子 10000 米银牌，成为中国第一位获奥运会长跑金牌的运动员。

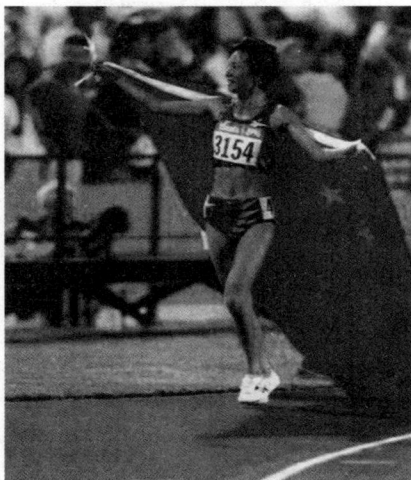

王军霞

王军霞在职业生涯里获奖无数，在 1993 年，她被评为全国十佳运动员之首、并获英国环球电视台"环球体育最佳运动员"、世界"十佳运动员"称号。1994 年，王军霞在美国纽约接受了第十四届杰西·欧文斯国际奖，这是中国也是亚洲运动员首次获此殊荣。在 2012 年 11 月 24 日晚举行的国际田联名人堂百年庆典仪式上，王军霞入选国际田联名人堂，是中国乃至亚洲首位入选的田径运动员。

主要战绩

1992 年，在韩国举行的第四届世界青年田径锦标赛上获 10000 米冠军，同年还获第二十届世界越野锦标赛青年组亚军；

1993 年，在德国斯图加特举行的第四届世界田径锦标赛上获 10000 米金牌；

1993 年，在西班牙举行的世界杯马拉松赛中获个人和团体冠军；

1993 年，在北京举行的第七届全运会上取得女子 3000 米、10000 米冠军，并打破双项世界纪录，成为世界上首位突破女子 10000 米跑

"30 分钟大关"的运动员;

1994 年,在日本举行的第十二届亚运会上,获 10000 米金牌,同年获得北京国际马拉松赛冠军;

1995 年,在印尼雅加达举行的亚洲田径锦标赛上,获得 10000 米和 5000 米双项金牌;

1996 年,第二十六届亚特兰大奥运会上,获得女子 5000 米冠军,女子 10000 米亚军,成为中国首位获奥运会长跑金牌的运动员。

刘　翔

亚洲飞人

中文名:刘翔
出生地:上海市普陀区
出生日期:1983. 7. 13
运动项目:110 米栏

刘翔 7 岁时,被上海市管弄新村小学的校田径队教练仲锁贵选中练习田径,10 岁时被顾宝刚选入上海市普陀区少体校,主练跳高、辅练 100 米短跑等,从这时便开始了他的职业运动生涯。

刘　翔

刘翔是中国运动员的骄傲,也是全球目前男子 110 米栏最优秀的运动员之一。在雅典奥运会上他以 12 秒 91 的成绩平了由英国名将科林·杰克逊保持的世界纪录。这枚金牌是中国男选手在奥运会上夺得的第一枚田径金牌，书写了中国田径新的历史。

在 2006 年 7 月的洛桑田径大奖赛上，刘翔又以 12 秒 88 打破了世界纪录，再次震惊世界体坛。2007 年 8 月，刘翔夺得田径世锦赛冠军，成为集奥运冠军、世锦赛冠军和世界纪录保持者于一身的大满贯得主，这也是中国男选手在世锦赛上获得的第一个世界冠军。

在比赛之余，刘翔积极参与慈善事业，为中国体育、公益事业发展做出了很多贡献。

2008 年北京奥运会上，由于右脚跟腱伤复发，遗憾退出比赛，随后奔赴美国接受治疗。于 2009 年 3 月康复回国，重返赛场。

2012 年伦敦奥运会男子 110 米栏预赛中，刘翔打栏意外摔倒在地，最终单腿跳过终点无缘晋级。

主要战绩

2000 年，世界青年锦标赛男子 110 米栏第 4 名；

2001 年，分别获得世界大学生运动会、东亚会、全运会男子 110 米栏冠军；

2002 年，瑞士国际田联大奖赛以 13 秒 12 的成绩获得男子 110 米栏冠军，打破了男子 110 米栏亚洲纪录，并刷新了 110 米栏世界青年纪录；

2003 年，英国伯明翰第九届国际室内田径锦标赛男子 60 米栏，以 7 秒 52 的成绩获得季军，打破亚洲室内纪录，成为参加本次比赛唯一获得奖牌的亚洲选手；

2004 年，日本大阪举行的国际田联大奖赛，以 13 秒 06 的成绩夺得冠军，同年在雅典举行的第二十八届奥运会以 12 秒 91 的成绩获得男子 110 米栏冠军，平了当时的世界纪录，成为中国田径项目上的第一个男子奥运冠军；

2005 年，在第十届世界田径锦标赛上，获得男子 110 米栏亚军，同年在上海举行的田径黄金大奖赛，获得冠军；

2006 年，瑞士洛桑田径大奖赛获得冠军，以 12 秒 88 的成绩打破了世界纪录，成为了亚洲 110 米栏项目中唯一一次打破世界纪录的选手；同年在德国斯图加特举行的国际田联田径大奖赛总决赛获得冠军；

2007 年，在日本大阪的世界田径锦标赛男子 110 米栏决赛上，以 12 秒 95 获得冠军，成为集奥运会冠军、世锦赛冠军和世界纪录保持者于一身的男子 110 米栏大满贯得主；

2008 年，西班牙瓦伦西亚室内世界锦标赛上，以 7 秒 46 获得 60 米栏冠军；

2009 年，上海国际田径黄金大奖赛上，刘翔跑出和冠军特拉梅尔同样的 13 秒 15 的成绩，屈居亚军。同年在第十一届全运会上获得冠军，成为全运会史上第一位男子 110 米栏项目上的三连冠。同年在亚洲田径锦标赛上获得男子 110 米栏冠军，并实现该项目亚锦赛上的三连冠；

2010 年，钻石联赛上海大奖赛 110 米栏决赛中，获得季军。同年在广州举行的亚运会上以 13 秒 09 的成绩获得 110 米栏冠军；

2011 年，国际田联钻石联赛上海站上以 13 秒 07 的成绩获得男子 110 米栏冠军、国际田联钻石联赛尤金站上获得亚军；

2012 年，国际田联钻石联赛上海站以 12 秒 97 获冠军；国际田联钻石联赛尤金站以 12 秒 87 的成绩获得冠军。

黄潇潇

中国跨栏项目的"女飞人"

中文名：黄潇潇
出生地：山东省青岛市

出生日期：1983.3.3

运动项目：短跑

黄潇潇从 1995 年开始在青岛市体校接受训练，2001 年入选山东省体工队，2002 年入选国家田径队。2003 年，年仅 20 岁的黄潇潇便夺得了亚洲田径锦标赛 400 米栏的冠军，至此开始了在亚洲以及国内的"统治"。

2004 年 8 月，首次参加国际性大赛的黄潇潇就以 54 秒 83 的成绩闯进雅典奥运会女子 400 米栏半决

黄潇潇

赛，为中国田径实现历史性突破。2005 年，在赫尔辛基田径世锦赛上，她顶着"中国进入该项目决赛第一人"的巨大压力，以 54 秒 57 取得了女子 400 米栏的第五名。

2006 年，在雅典举行的第十届世界杯赛，黄潇潇以 55 秒 06 获第六。2007 年大阪世锦以 54 秒 15 获得第五。由于黄潇潇在竞赛中的出色表现，被誉为"女刘翔"。

自 2007 年广州全国大学生运动会上夺冠之后，黄潇潇一直受到伤病困扰，她的职业生涯除了需要与对手较量外，还要同伤痛对抗。2008 年北京奥运会，因为跟腱有伤，未能参赛。

2009 年在柏林举行的第十二届世锦赛上，黄潇潇预赛以 55 秒 52 排第九；半决赛的成绩为 55 秒 40、排第十二，未能进入决赛。2009 年 10 月在济南举行的十一运会上，她带伤上阵，并获得 400 米、400 米栏双项金牌。2010 年黄潇潇积极备战广州亚运会，但是在比赛前的一次训练中脚部出现了新的伤情，经过检查，左脚跟腱不仅有纤维损伤，还出现了变性、水肿的情况，医生要求其立即停止训练。无奈之下，黄潇潇

只好放弃了亚运会。

在随后的日子里，黄潇潇积极配合治疗，伤势很快得到了恢复。在2011年9月9日合肥举行的全国田径锦标赛暨伦敦奥运会达标赛上，她重返赛场以56秒68获得冠军，得到了获得2012年伦敦奥运会的参赛名额，但是在2012年8月6日举行的女子400米栏预赛中，黄潇潇排名小组第六无缘晋级。虽然没能晋级，但是她的运动之路还将继续走下去。

主要战绩

2001年，在广东举行的九运会上，获得女子400米栏的银牌，并刷新了世界青年纪录；

2003年，获全国田径大奖赛女子400米栏冠军，获亚洲田径锦标赛400米栏冠军并打破亚洲记录，获城运会400米、400米栏两项冠军；

2004年，以54秒83的成绩闯进雅典奥运会女子400米栏半决赛，为中国田径实现历史性突破。同年在全国田径大奖赛南京站获得女子400米栏冠军；

2005年，在南京举行的第十届全运会上获得冠军，同年在赫尔辛基田径世锦赛上，以54秒57的成绩获得第五名；

2006年，在雅典举行的田径世界杯赛上以55秒06的成绩获得第六名；

2009年，在济南举行的十一运会上，带伤上阵，还是独得400米、400米栏两枚金牌；

2011年，在合肥全国田径锦标赛暨伦敦奥运会达标赛，她以56秒68获得冠军。

邢慧娜

中国著名优秀中长跑运动员

中文名：邢慧娜
出生地：山东省潍坊市
出生日期：1984. 2. 25
运动项目：中长跑

邢慧娜1996年进入潍坊市体校，教练是迟玉斋，从此便开始了正规的田径中长跑训练。1999年进入山东体育运动技术学院，教练是尹延勤；2003年入选国家集训队。

这个年轻的山东姑娘，在2003年巴黎世界田径锦标赛上打破世界青年纪录，之后更在多个世界大赛中摘取桂冠。最让中国人感到骄傲的是，她凭借自己出色的表现，在2004年雅典奥运会上获得了女子10000米的冠军。

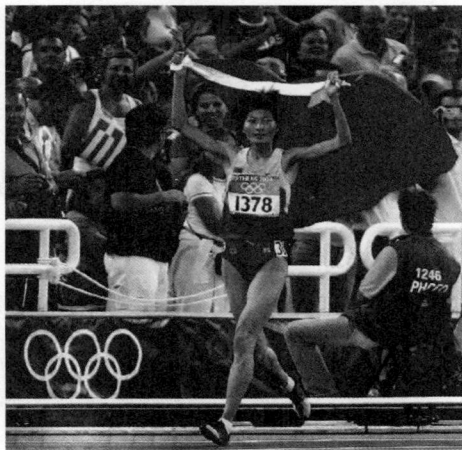

邢慧娜

但是自雅典之后，邢慧娜屡遭挫折，她频繁地更换教练和训练地，训练的系统性受到破坏，同时腿伤缠上了这个踌躇满志的山东潍坊姑娘。2007年，伤情加重让她根本无法进行强度训练，长时间处于恢复状态。

2008年在美国华裔田径教练李犁的帮助下，邢慧娜的竞技状态开始回升，准备迎战北京奥运会，但是因为腿伤复发，最终无缘北京奥运会。

主要战绩

2001 年，九运会女子 5000 米亚军；

2002 年，釜山亚运会女子 10000 米季军；

2003 年，第五届城运会 10000 米冠军、5000 米冠军、1500 米亚军；

2003 年，世界田径锦标赛 10000 米第七；

2004 年，雅典奥运会女子 10000 米冠军；

2005 年，十运会女子 5000 米、女子 10000 米双项冠军。

白 雪

世锦赛历史上最年轻的女马拉松冠军

中文名：白雪

出生地：黑龙江省齐齐哈尔市

出生日期：1988. 12. 15

运动项目：中长跑

白雪 2002 年进入齐齐哈尔体校，刚训练了三个月，就被在那里带领队员训练的著名长跑教练王德显一眼相中，从此她在王教练及其夫人朱凤玲的带领下，走南闯北，开始了艰苦的中长跑训练。在以后的世界级竞赛中不断创造佳绩。

2005 年在韩国举行的第十六届亚洲田径锦标赛中，白雪一举夺得女子 10000 米和 5000 米两枚金牌，成为该届田径锦标赛的双料冠军。

2009 年 8 月 23 日的第十二届世界田径锦标赛，白雪以 2 小时 25 分

15 秒的成绩夺得女子马拉松冠军，这是中国选手在包括世锦赛和奥运会在内的世界大赛中首夺该项目的金牌。白雪亦成为田径世锦赛中国夺得金牌的第 8 位选手和世锦赛历史上最年轻的女子马拉松冠军。

白 雪

主要战绩

2005 年，亚锦赛 5000 米、10000 米冠军；

2006 年，世青赛 5000 米第四名；

2007 年，北京国际马拉松赛第三名；

2008 年，北京马拉松冠军；

2009 年，世锦赛马拉松冠军，第二十九届北京国际马拉松赛暨第十一届全国运动会女子马拉松冠军，第十一届全国运动会女子 10000 米冠军，第十八届广州亚洲田径锦标赛女子 10000 米冠军。

史冬鹏

中国优秀 110 米栏运动员

中文名：史冬鹏

出生地：河北省保定市

出生日期：1984.1.06

运动项目：110米栏

史冬鹏是我国男子田径队110米栏项目上一位成绩优异的选手，1984年史冬鹏出生在一个普通的工人家庭，由于特殊的体质，在上小学四年级的时候，就被选入了保定少年体校，起初，史冬鹏练习的是跳高，但是由于他在跳高这一项目上并没有发挥出突出的优势，所以后来改为三级跳和110米栏。17岁那年，史冬鹏参加了九运会，在110米栏项目中崭露头角，取得第

史冬鹏

三名的佳绩。从跳高到三级跳，再到110米栏，他终于找到适合自己的项目，并在这项运动上一直努力拼搏着。

主要战绩

2001年，第九届全国运动会男子110米栏季军；

2002年，牙买加金斯敦世界青年田径锦标赛男子110米栏的亚军；

2003年，室外世锦赛110米栏第六名，亚锦赛110米栏冠军，全国田径锦标赛110米栏冠军；

2004年，全国田径锦标赛110米栏亚军；

2005年，亚锦赛110米栏亚军；

2007年，大阪世锦赛110米栏第五名；

2008年，"好运北京"中国田径公开赛男子110米栏决赛中获得亚军，并以13秒20闯入北京奥运会110米栏的第二轮；

2009年，亚洲田径大奖赛系列赛苏州站，以13秒58的成绩摘得冠军，上海国际田径黄金大奖赛季军，广州亚锦赛亚军；

2010年，日本大阪国际田联大奖赛冠军，国际田联钻石联赛上海

站亚军，广州亚运会 110 米栏亚军；

2012 年，全国田径大奖赛肇庆站男子 110 米栏亚军，田联钻石联赛上海站获得第六名，全国田径大奖赛淄博站亚军。

苏炳添

中国短跑名将

中文名：苏炳添

出生地：广东中山

体重：68 公斤

出生日期：1989.08.29

运动项目：田径短跑

苏炳添，1989 年 8 月 29 日出生于广东省中山市，就读于暨南大学经济学院国际经济与贸易专业。2011 年 9 月 8 日，获得 2011 年全国田径锦标赛男子 100 米冠军，并以 10 秒 16 打破了 13 年前周伟创造的 10 秒 17 的全国纪录。2012 年 5 月 6 日，在国际田联川崎挑战赛男子 100 米飞人大战里，以 10 秒 04 的成绩夺冠。2012 年 8 月 4 日，在伦敦奥运会男子 100 米小组赛预赛中，以 10 秒 19 的个人第二好成绩晋级半决

苏炳添

赛，这也是中国首次有人在奥运会上进入男子百米半决赛，创造了历史。

主要战绩

2009 年，全国室内田径锦标赛上海站，苏炳添以 6 秒 66 的成绩勇夺男子 60 米冠军。

2009 年，在玉林举行的第 11 届全运会预选赛暨全国田径锦标赛中，苏炳添以 10 秒 28 夺得男子 100 米冠军，并达到世锦赛 B 标，接力比赛中又代表广东队以 39 秒 32 的成绩夺得男子 4×100 米冠军。

2009 年，亚洲田径大奖赛苏州、昆山、香港三站赛，在男子 100 米和 4×100 米接力两项比赛中连夺 5 金。

2009 年，第十一届全国运动会田径男子 4×100 米接力决赛中代表广东队以 39 秒 22 的成绩夺冠。

2009 年，在河内举行的第三届亚洲室内运动会男子 60 米决赛，苏炳添以 6 秒 65 的成绩夺冠。

2009 年，东亚运动会上，以 10 秒 33 夺得男子 100 米冠军。

2010 年，第十六届广州亚运会男子 4×100 米接力决赛中，由陆斌、梁嘉鸿、苏炳添和劳义组成的中国队以 38 秒 78 夺得冠军，并刷新全国纪录和亚运会纪录。

2011 年，全国室内田径锦标赛成都站，以 6 秒 59 获得男子 60 米冠军。

2011 年，全国田径大奖赛系列赛肇庆站，苏炳添在逆风情况下以 10 秒 45 的成绩获得男子 100 米冠军。

2011 年，亚洲田径大奖赛 – 昆山站，由陈强、梁嘉鸿、苏炳添、劳义领军的男子 4×100 米接力队以 39 秒 37 获得冠军。

2011 年，日本神户第 19 届亚洲田径锦标赛男子 100 米决赛，以 10 秒 21 的成绩夺得冠军。

2011 年，第 26 届世界大学生运动会决赛，以 10 秒 27 获得男子 100 米季军。

2011 年，全国田径锦标赛暨伦敦奥运会达标赛男子 100 米决赛，苏炳添以 10 秒 16（顺风 0.7 米/秒）的成绩打破了 13 年前周伟创造的 10 秒 17 的全国纪录，并达到了奥运 A 标。

2011 年，第 12 届全国大学生田径锦标赛男子甲组百米飞人大战，以 10 秒 34 的成绩夺冠，并打破赛会纪录。

2012 年，亚洲田径大奖赛静冈站，中国队在男子 4×100 米接力比赛中跑出 38 秒 71，再次刷新全国纪录。

2012 年，国际田联世界田径挑战赛－日本川崎站男子 100 米决赛中，以惊人的 10 秒 04（顺风 2.9 米/秒）夺得冠军。

2012 年，在伦敦奥运会男子 100 米比赛中，苏炳添以 10 秒 19 的成绩名列小组第三，顺利获得晋级半决赛的资格，成为了中国短跑史上第一位晋级奥运会男子百米半决赛的选手。

2012 年，在江苏昆山举行的全国田径锦标赛男子 100 米决赛中，苏炳添以 10 秒 21 夺得冠军，实现卫冕。

2013 年，全国室内田径锦标赛南京站男子 60 米以 6 秒 55 的成绩问鼎冠军，并刷新了自己保持的全国纪录。

2013 年，全国田径大奖赛肇庆站男子 100 米决赛，以 10 秒 23 的成绩获得亚军。

2013 年，国际田联世界田径挑战赛－北京站百米飞人大赛，以 10 秒 06（顺风 0.1 米/秒）的成绩获得铜牌，刷新个人最好成绩。

2013 年，全国田径锦标赛暨十二运会田径项目预选赛男子百米飞人大战，以 10 秒 17（逆风 0.9 米/每秒）的成绩第四次问鼎全锦赛男子 100 米冠军。并实现了在该项目的"三连冠"。

2013 年，印度浦那第 20 届亚洲田径锦标赛男子 100 米飞人大战决赛，以 10 秒 17（逆风 0.3 米/每秒）的成绩卫冕成功，成为中国继郑晨后第二位两获亚锦赛桂冠的百米飞人。

2013 年，辽宁沈阳举办的全国运动会男子 100 米决赛，以 10.12 的成绩夺得亚军。

2013 年，第六届东亚运动会男子百米决赛中，以 10 秒 31 的成绩获得冠军，并追平该项目赛会纪录。

个人荣誉

2010 年第二十一届中山市十杰市民。

2011 年中国大学生年度人物。

劳 义

中国百米名将

中文名：劳义

出生地：广西合浦县

体重：65 公斤

出生日期：1985.10.10

运动项目：男子百米

劳义，1985 年 10 月 10 日出生在广西合浦县。就读于江西师范大学。2010 年全国锦标赛冠军，在 2010 年田联世界杯赛里名列第六。2010 年广州亚运会，劳义以 10 秒 24 的成绩，逆转沙特选手夺冠。

主要战绩

2010 年，全国大奖赛昆山站，以 10 秒 39 获得第一；6 月下旬在重庆举行的全国冠军赛暨大奖赛总决赛，以 10 秒 21 获得金牌。

2010 年，全国田径室内赛成都站 60 米决赛，以 6 秒 61 获得亚军。

2010 年，全国田径锦标赛暨亚运会选拔赛以 10 秒 31 男子百米飞人冠军。

2010 年，国际田联洲际杯赛以 10 秒 38 的成绩完赛获得第 6 名。

2010 年，广州亚运会田径项目 100 米以 10 秒 24 夺取冠军，创造历史。

劳义

2010 年，广州亚运会田径男子 4×100 米接力与队友陆斌、梁嘉鸿、苏炳添以 38 秒 78 夺冠。

2011 年，国际田联大奖赛川崎站，劳义率中国男子 4×100 米接力队夺得第三。

2011 年，国际田联钻石联赛上海站，劳义以 10 秒 37 获得第 7 名。

2011 年，亚洲田径大奖赛 – 昆山站，4×100 米接力赛与队友队陈强、梁嘉鸿、苏炳添以 39 秒 37 获得冠军。

2011 年，田径亚洲锦标赛，男子 4×100 米接力赛中与队友梁嘉鸿、苏炳添和陈强以 39 秒 33 获得第 4 名。

个人荣誉

2010 年，入选新华社评选出的 2010 国内十佳运动员。

2011 年，获得首届 2010 中国田径绿茵天地金跑道奖最佳新人奖和亚运会突出表现奖。

张培萌

中国新飞人

中文名：张培萌

出生地：北京

体重：78 公斤

出生日期：1987. 03. 13

运动项目：田径短跑

张培萌

张培萌，1987 年 3 月 13 日出生在北京一个运动家庭，父亲张成是上世纪七八十年代中国最出色的撑杆跳高运动员，母亲也是跳高运动员。良好的遗传基因传给了张培萌，使他从小就具有了极高的运动天赋。2004 年进入北京队，2005年进入国家队。2007 年，年仅 20岁的张培萌成为全国冠军。2013 年全国田径大奖赛肇庆站揭幕，张培萌跑出 10 秒 04 打破百米全国纪录。2013 年 8 月 12 日在莫斯科世锦赛男子百米半决赛中张培萌跑出了 10 秒整的成绩，创造了新的全国纪录。

主要战绩

2007 年，全国锦标赛 100 米冠军。

2007 年，世界大学生运动会 100 米亚军。

2007 年，全国冠军赛 100 米冠军、200 米冠军。

2007 年，全国城市运动会 100 米冠军。

2008 年，中国田径公开赛 100 米冠军。

2009 年，第 11 届全国运动会田径男子百米决赛以 10 秒 31 获得亚军。

2009 年，第 18 届亚洲田径锦标赛男子百米决赛以 10 秒 28 获得冠军，成为亚洲百米新飞人。

2011 年，全国田径锦标赛男子 100 米亚军。

2012 年，代表中国参加伦敦奥运会，在伦敦奥运会 4×100 米预赛中，张培萌代表中国队跑最后一棒，中国队成绩是 38 秒 38，打破全国记录。

2013 年，全国田径大奖赛广东肇庆站比赛中，在男子百米决赛中 10 秒 04 创造全国纪录。

2013 年，国际田联钻石联赛（上海站）200 米比赛中跑出 20 秒 47 的成绩，打破全国纪录。

2013 年，国际田联挑战赛，百米决赛中虽然只获得第 5 名，但他却创造了 10 秒 09 的个人历史第二好成绩。

2013 年，莫斯科田径世锦赛，男子 100 米半决赛，跑出了 10 秒整的好成绩，打破全国纪录，张培萌的这个成绩是黄种人跑出的最快百米成绩。

2013 年，第 12 届中华人民共和国运动会，男子百米决赛中以 10.08 勇夺冠军。

李雪梅

中国田径短跑名将

中文名：李雪梅
出生地：四川省广汉市
体重：61 公斤
出生日期：1977. 03. 05
运动项目：田径短跑

李雪梅

李雪梅 1977 年出生在四川省广汉市，1987 年进入广汉市体校训练；1997 年 7 月入选国家田径队，参加世界田径锦标赛；1997 年 12 月入选国家田径集训队。2004 年参加了雅典奥运会。第八届全国运动会中创造了 10 秒 79 的全国纪录，至今未能有人打破。现任电子科技大学体育教师和田径队教练。

主要战绩

1995 年，第 3 届城运会女子 200 米冠军、100 米冠军；

1996 年，天津国际室内田径邀请赛暨全国室内田径锦标赛（天津站）女子 60 米冠军；

1997 年，全国田径锦标赛暨第 8 届全运会田径预赛 100 米冠军、200 米冠军；

1997 年，八运会女子 100 米冠军、200 米冠军；

1998 年，全国田径冠军赛暨大奖赛总决赛女子 100 米冠军；

1998 年，全国田径锦标赛暨亚运会选拔赛女子 100 米亚军；

1998 年，世界女子百米"飞人"挑战赛第四；

1998 年，曼谷亚运会 100 米冠军、4 × 100 米接力冠军、200 米亚军；

2000 年，全国室内田径锦标赛女子 60 米冠军；

2000 年，全国田径冠军赛暨大奖赛上海站女子 100 米冠军；

2000 年，全国田径大奖赛总决赛女子 100 米冠军；

2001 年，第 21 届世界大运会女子 200 米跑以 22 秒 86 的成绩夺得金牌。

2004 年，全国室内田径锦标赛女子 60 米冠军；

2004 年，中国田径奥运会选拔赛女子 100 米冠军。

杨耀祖

雅典奥运成中国男子选手晋级 200 米复赛第一人

中文名：杨耀祖

出生地：上海

体重：72.5 公斤

出生日期：1981.01.09

杨耀祖

运动项目：田径短跑

杨耀祖，1981 年出生在上海，中国著名田径短跑运动员。1992 年在上海市体校开始田径训练，1998 年入选上海市田径队，2002 年入选国家集训队。

主要战绩

1999 年，全国田径锦标赛 200 百冠军。

2001 年，九运会 200 米铜牌。

2002 年，釜山亚运会 200 米铜牌。

2002 年，全国田径冠军赛暨大奖赛总决赛 200 米冠军。

2003 年，全国田径大奖赛南宁站百米亚军。

谢文俊

刘翔的接班人

中文名：谢文俊

出生地：上海

体重：72.5 公斤

出生日期：1990.07.11

运动项目：男子 110 米栏

谢文骏，1990 年出生在一个体育世家，妈妈是原上海队的短跑运动员，爸爸是华东理工大学的排球教练。谢文骏继承了父母的优点，17 岁的他身高已接近 1.9 米。谢文骏因为在鸟巢跑出的 13 秒 51 和在上海黄金大奖赛上跑出的 13 秒 47，已经被田管中心列入 2012 年伦敦奥运会重点培养的 20 人名单之中。谢文骏被誉为"刘翔的接班人"。2012 年 8 月 7 日伦敦奥运会 110 米男子跨栏预选赛，谢文骏以 13 秒 43 的成绩成功晋级半决赛。

谢文俊

主要战绩

2005 年，中韩田径交流赛，110m 栏以 14 秒 02 获得冠军。

2006 年，第十四届中日韩青少年体育交流大会（对抗赛），110m 栏（100cm）以 13 秒 97 获得冠军。

2006 年，上海市第十三届运动会男子甲组 110m 栏以 13 秒 58 获得冠军。

2007 年，全国田径大奖赛系列赛武汉站 110m 栏以 14 秒 09 获得第四名。

2008 年，"好运北京"中国田径测试赛 110m 栏以 13 秒 51 获得第四名。

2008 年，田径亚巡赛 110m 栏以 13 秒 92 获得第五名。

2008 年，上海国际田径黄金大奖赛 110m 栏以 13 秒 47 获得亚军。

2008 年，河北石家庄全国田径锦标赛 110m 栏以 13 秒 68 获得冠军。

2008 年，广东肇庆全国田径冠军赛暨大奖赛系列赛，110m 栏以 13 秒 79 获得亚军。

2009 年，亚洲田径大奖赛系列赛（香港）110m 栏，以 13 秒 63 获得冠军。

2009 年，上海国际田径黄金大奖赛 110m 栏以 13 秒 53 获得第 7 名。

2010 年，全国田径大奖赛昆山站以 13 秒 68 获得冠军。

2010 年，国际田联钻石联赛上海站 110 米栏以 13 秒 58 的个人赛季最好成绩位列第四。

2012 年，全国田径大奖赛武汉站 110 米栏以 13 秒 48 获得冠军。

2012 年，全国田径大奖赛淄博站以 13 秒 48 获得冠军。

2012 年，伦敦奥运会 110 米男子跨栏预选赛，以 13 秒 43 的成绩成功晋级半决赛。

2012 年，第九届全国大学生运动会（天津）以 13 秒 73 获得冠军。

2012 年，全国田径锦标赛（江苏昆山）110 米栏以 13 秒 36 获得冠军。

2013 年，钻石联赛上海站，以 13 秒 28 获得冠军。

2013 年，法国埃鲁维尔，男子 110 米栏比赛中以 13 秒 54 夺冠。

2013 年，沈阳第十二届全运会田径男子 110 米栏决赛，13 秒 36 的成绩获得冠军。

梁嘉鸿

亚洲新飞人

中文名：梁嘉鸿
出生地：广东佛山

体重：82 公斤

出生日期：1988.03.06

运动项目：田径短跑

梁嘉鸿，1988 年出生在广东佛山，起先家人并不赞同他练短跑，想让他好好读书，但是因为他天资过人，家人不再反对。梁嘉鸿是我国短跑新秀，男子 4×100 米接力的主力成员。有"亚洲新飞人"之称。

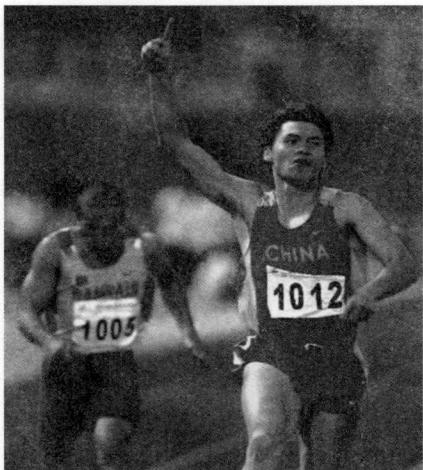

梁嘉鸿

主要战绩

2006 年，全国青年锦标赛 100 米亚军、4×100 米接力冠军。

2006 年，亚洲青年锦标赛 100 米冠军。

2006 年，世界青年锦标赛 100 米第五。

2007 年，亚洲田径大奖赛 4×100 米接力冠军。

2007 年，亚洲田径锦标赛 4×100 米接力第三。

2010 年，广州亚运会 4×100 米接力冠军。

2012 年，伦敦奥运会 4×100 米预赛中，梁嘉鸿代表中国队跑第二棒，成绩是 38 秒 38，打破全国记录，但小组仍然未能出线。

胡　凯

眼镜飞人

中文名：胡凯

出生地：山东青岛

体重：73 公斤

出生日期：1982.08.04

运动项目：田径短跑

胡凯 1982 年 8 月 4 日生于山东省青岛市。18 岁时正式开始练习短跑，仅 3 个月就跑出 10 秒 7 的好成绩。8 个月后他被特招到清华大学，百米手计时已经达到 10 秒 3 的健将级标准。曾为清华大学经管学院特招生，2008 年为清华大学研究生，是中国百米短跑的健将和黑马，曾在国际国内百米大赛中斩获多项荣誉，有"眼镜侠"、"眼镜飞人"等美称。

胡　凯

主要战绩

2004 年，全国田径大奖赛总决赛 100 米、200 米冠军。

2005 年，全国田径锦标赛男子 100 米冠军。

2005 年，东亚运动会男子 100 米决赛冠军。

2005 年，十运会男子百米银牌。

2005 年，上海国际田径黄金联赛男子百米第六名。

2005 年，伊兹密尔大运会男子百米金牌。

2005 年，泰国田径公开赛，以 10 秒 32 的成绩获得冠军。

2006 年，全国室内田径锦标赛北京站男子 60 米冠军。

2008 年，北京奥运会进入百米第二轮。

2008 年，全国田径锦标赛男子 200 米第四名。

2008 年，全国田径冠军赛男子 200 米第 15 名。

2009 年，第十一届全运会男子 100 米第八名。

个人荣誉

2005 年，安踏 2005 CCTV 体坛风云人物十大风云人物奖。

2006 年，中国十佳劳伦斯冠军奖年度最佳男子新人奖。

周春秀

中文名：周春秀

出生地：社旗县

体重：44 公斤

出生日期：1978. 11. 15

运动项目：田径长跑

周春秀，1978 年出生于社旗县赊店镇周庄村，少年时代就读于社旗县第一小学，11 岁进入县体委体育队。1996 年，周春秀以优异成绩毕业于南阳体校，被河南省体工队选走，主攻中长跑，后因股骨头坏死

周春秀

而退役。2001 年，被著名教练梁松利选中，跟随梁松利来到苏州，进入江苏省田径队重新开始训练，并转攻马拉松项目，随后开始崭露头角入选国家队。

主要战绩

2003 年，以 2 小时 34 分 16 秒的成绩夺得首届厦门国际马拉松赛冠军。

2004 年，印度新德里举行的第 13 届世界半程马拉松锦标赛中，以 1 小时 12 分 52 秒排名第 12。

2005 年，在韩国首尔国际马拉松赛中，以 2 小时 23 分 24 秒获得冠军。

2005 年，在芬兰赫尔辛基举行的第十届世界田径锦标赛女子马拉松比赛中。以 2 小时 24 分 12 秒的成绩获得第五名。

2005 年，北京国际马拉松赛暨第十届全国运动会女子马拉松比赛中获得亚军。

2005 年，南京举行的第十届全国运动会女子 10000 米比赛中，以 31 分 09 秒 03 的成绩获得亚军。

2006 年，首尔国际马拉松赛上，以 2 小时 19 分 51 秒获得冠军。

2006 年，在第 15 届（多哈）亚运会女子马拉松比赛中，以 2 小时 27 分 03 秒获得冠军。

2007 年，在伦敦国际马拉松赛上，以 2 小时 20 分 38 秒的成绩夺冠，成为夺得该项赛事冠军的第一位中国选手。

2007 年，在第 11 届（大阪）世界田径锦标赛女子马拉松的比赛上，以 2 小时 30 分 45 秒获得亚军。

2008 年，在扬州举行的鉴真国际马拉松（半程）赛暨全国首届半程马拉松锦标赛上，以 1 小时 8 分 56 秒获得冠军。

2008 年，北京奥运会女子马拉松比赛，以 2 小时 27 分 07 秒的成绩摘得铜牌，这是中国田径选手在奥运会马拉松项目上获得的首枚奖牌。

2009 年，在伦敦国际马拉松赛中，以 2 小时 29 分 02 的成绩，排名第 12。

2009 年，获得第 12 届（柏林）世界田径锦标赛上，以 2 小时 25 分 39 秒获得女子马拉松第四名。

2009 年，在第 29 届北京国际马拉松赛暨第十一届全国运动会女子马拉松比赛中，获得第四名。

2009 年，第十一届全国运动会上，以 31 分 59 秒 93 获得女子 10000 米比赛的第四名。

2010 年，首尔国际马拉松赛，以 2 小时 25 分 01 秒的成绩，获得亚军。

2010 年，广州亚运会女子马拉松比赛上，以 2 时 25 分的成绩获得冠军。

阿里斯·梅里特

美国跨栏名将

中文名：阿里斯·梅里特

体重：72 公斤

出生日期：1985.7.24

运动项目：田径跨栏

阿里斯·梅里特

阿里斯·梅里特，美国跨栏选手，2012年3月11日，在土耳其伊斯坦布尔举行的第14届世界室内田径锦标赛中阿里斯-梅里特以7秒44的好成绩夺冠，帮助美国队时隔6年之后再夺室内田径世锦赛男子60米栏冠军，这也是他个人的第一枚世界大赛金牌。

主要战绩

2004年，意大利格罗斯托举行的第10届田径世青赛上，获得冠军。

2006年，60米栏7秒51；

2007年，110米栏13秒09；

2009年，世锦赛预赛第4名；

2011年，世锦赛决赛第5名；

2012年，土耳其伊斯坦布尔第14届世界室内田径锦标赛男子60米栏决赛7秒44夺冠；

2012年，钻石联赛美国尤金站男子110米栏决赛以12秒96获得亚军。

2012年，美国田径奥运选拔赛男子110米栏决赛中，以12秒93的成绩获得冠军。

2012年，钻石联赛摩纳哥站男子110米栏决赛，以12秒93的的成绩夺冠。

2012年，钻石联赛伯明翰站男子110米栏决赛中，以12秒95的成绩夺冠，并打破赛会纪录。

2012 年，国际田联钻石联赛总决赛 110 米栏创造了 12 秒 80 的新世界纪录，并获得金牌。

2013 年，国际田联钻石联赛上海站中，梅里特因腿部感到不适而退出比赛。

泰森·盖伊

美国飞人

中文名：泰森·盖伊

出生地：肯塔基

体重：75 公斤

出生日期：1982.08.09

运动项目：田径 100 米

泰森·盖伊，美国运动员，是美国男子短跑在近两年涌现的明星，在 2007 年开始显示出王者地位，包揽了全美室外田径赛的 100 米和 200 米的双料冠军，跑出了 19 秒 62 的男子 200 米史上第二快成绩。

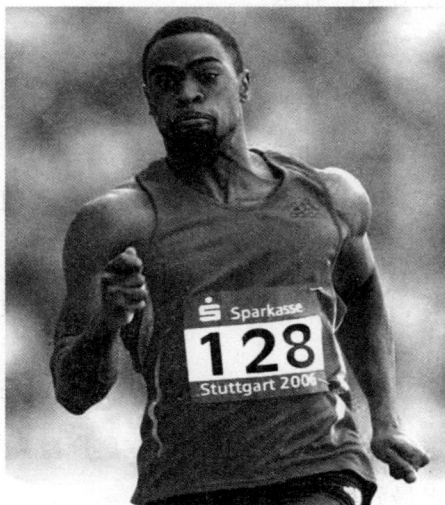

泰森·盖伊

主要战绩

2005 年，全美锦标赛男子 200

米亚军，世锦赛男子 200 米第四名，世界田径总决赛男子 200 米冠军，伦敦大奖赛 200 米第三名。

2006 年，全美锦标赛男子 100 米冠军，黄金联赛苏黎世站 100 米亚军，斯图加特、伦敦大奖赛 200 米冠军，洛桑超级大奖赛 200 米亚军，斯德哥尔摩大奖赛 100 米亚军。

2007 年，大阪田径世锦赛男子 100 米、200 米和 4×100 米接力冠军，全美锦标赛男子 100 米、200 米冠军，谢菲尔德大奖赛 100 米冠军，洛桑超级大奖赛 200 米冠军，伦敦大奖赛 100 米冠军。

2009 年，国际田联黄金大奖赛罗马站在男子百米飞人的巅峰对决中，以 9 秒 77 的赛季最好成绩夺冠。并打破了后者创造的赛会纪录。

2009 年，世界田径锦标赛，以 9 秒 71 获得亚军。

2009 年，上海国际田径黄金大奖赛，以 9 秒 69 强势获得冠军。并创造了个人最好成绩以及新的赛会纪录。同时，也成为历史上继博尔特之后第二个跑进 9 秒 70 大关的人。

2009 年，日本举行的超级田径赛上，以 10 秒 13 的成绩远不理想的成绩获得冠军。

2009 年，世锦赛男子 100 米亚军。

2012 年，钻石联赛巴黎站，以 9 秒 99 获得冠军。

2012 年，英国伦敦奥运会 100 米第四名。

2013 年，国际田联钻石联赛纽约站以 10 秒 02 的成绩获得男子 100 米冠军。

2013 年，国际田联钻石联赛洛桑站，百米决赛中以 9 秒 79 的成绩获得冠军。

2013 年，美国田径锦标赛男子 200 米决赛，以 19 秒 74 夺得冠军，这一成绩超过了博尔特在奥斯陆跑出的 19 秒 79，创下该项目当年的世界最好成绩。

阿萨法·鲍威尔

中文名：阿萨法·鲍威尔

体重：87公斤

出生日期：1982.11.11

运动项目：田径100米

阿萨法·鲍威尔，1982年11月11日出生在牙买加的一个传教士家庭。他的5个兄弟姐妹都从事田径运动。他的哥哥多诺万·鲍威尔（Donovan Powell）甚至还曾在1999年的世界田径锦标赛上进入了男子100米的半决赛。2005年6月14日，鲍威尔在希腊雅典的奥林匹克体育场创造了9.77秒的世界男子100米纪录。这也奠定了他世界一流短跑选手的地位。

阿萨法·鲍威尔

主要战绩

2004年，雅典奥运会，男子100米跑第五名。

2005年，牙买加田径赛，以9秒84获得季军。

2005年，在雅典以9秒77的成绩打破男子百米世界纪录。

2007年，国际田联大奖赛意大利站，以9秒74的成绩打破男子100米世界纪录。

2008 年，北京奥运会男子一百米决赛，以 9 秒 95 排在第 5 位。

2008 年，北京奥运会男子 4 × 100 米冠军，以 37 秒 10 打破世界纪录。

2012 年，国际田联钻石联赛挪威奥斯陆站，以 9 秒 85 获得亚军。

尤塞恩·博尔特

100 米飞人

中文名：尤塞恩·博尔特

出生地：特里洛尼区

体重：86 公斤

出生日期：1986.08.21

运动项目：田径 100 米

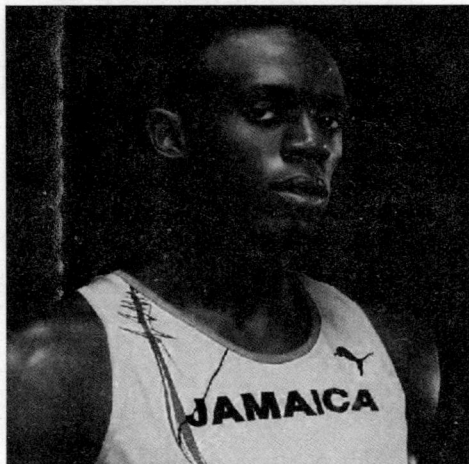

尤塞恩·博尔特

尤塞恩·博尔特，1986 年出生在牙买加特里洛尼区法尔茅斯市谢伍德康坦特镇，是当今男子短跑无可争议的霸主，保持了男子短跑界的多项世界记录，在 2008 年北京奥运会中一鸣惊人，以无可争议的优势夺得男子 100 米、200 米短跑冠军。2009 年世锦赛连续打破男子 100 米、200 米世界纪录，2011 年带领牙买加男子田径队在 4 × 100 米接力比赛中以打破世界纪录的成绩夺冠。2012 年伦敦奥运会在五大高手的挑战下再次夺得男子百米飞人大战冠军，并卫冕男子 100 米、200 米短跑冠军。成为奥运史上第一同时卫冕男子 100 米、200 米短跑冠军的运动员，且保持了奥运赛场"不败金身"。

主要战绩

2002 年，世界青年锦标赛 200 米冠军。

2002 年，世界青年锦标赛 4×100 米亚军。

2002 年，世界青年锦标赛 4×400 米亚军。

2004 年，雅典奥运会 200 米第五名。

2005 年，田径世锦赛 200 米第八名。

2006 年，田径世界杯 200 米亚军。

2007 年，大阪田径世锦赛男子 4×100 米接力亚军。

2007 年，大阪田径世锦赛 200 米亚军。

2008 年，纽约锐步大奖赛 9 秒 72 夺得百米冠军，打破世界纪录。

2008 年，北京奥运会男子 4×100 米接力冠军再次打破世界纪录。

2008 年，北京奥运会男子 200 米冠军创新的世界纪录。

2008 年，北京奥运会男子 100 米 9 秒 69 夺得百米冠军创新的世界纪录。

2011 年，第十三届国际田径世锦赛男子 200 米冠军。

2012 年，伦敦奥运会男子 100 米 9 秒 63 打破奥运会记录。

2012 年，伦敦奥运会田径项目男子 200 米决赛中博尔特以 19 秒 32 的佳绩成功卫冕。

2013 年，莫斯科田径世锦赛在 100 米飞人大战中以 9 秒 77 的成绩获得冠军。

戴龙·罗伯斯

古巴跨栏名将

中文名：戴龙·罗伯斯
出生地：青年岛
体重：80公斤
出生日期：1986.11.19
运动项目：100米跨栏

戴龙·罗伯斯，成长在一个有着体育背景的家庭，母亲练过排球，叔叔是70年代古巴国家队在400米栏项目上的主力队员，曾跑出51秒76的成绩。罗伯斯10岁开始田径训练，他最喜欢的项目是跳高14岁才开始主攻跨栏。2008年21岁的罗伯斯在捷克俄斯特拉发田径大奖赛男子110米栏的比赛中跑出了12秒87，打破了刘翔创造的12秒88原世界纪录。2013年1月26日宣布退役。

戴龙·罗伯斯

主要战绩

2003年，世界青年锦标赛第6名。
2004年，世界青年锦标赛亚军。

2005 年，泛美青年锦标赛冠军。

2006 年，世界室内锦标赛亚军。

2006 年，国际田联黄金联赛巴黎站亚军。

2006 年，马德里大奖赛冠军。

2006 年，世界杯铜牌。

2006 年，世界田径总决赛亚军。

2007 年，斯图加特室内赛 60 米栏冠军。

2007 年，雅典、萨格勒布大奖赛冠军。

2007 年，国际田联黄金联赛巴黎站冠军、罗马站亚军。

2008 年，捷克俄斯特拉发田径大奖赛，12 秒 87 打破了刘翔 12 秒 88 原世界纪录。

2008 年，北京奥运会，12 秒 93 获得 110 栏冠军。

2012 年，国际田联瑞典斯德哥尔摩室内挑战赛 60 米栏冠军。

莫里斯·格林

世界上跑得最快的田径选手之一

中文名：莫里斯·格林

体重：80 公斤

出生日期：1974.07.23

运动项目：田径短跑

莫里斯·格林是历史上第一个在 60 米跑中跑进 6 秒 40 的选手，同时也是第一个同时拥有 50 米、60 米和 100 米世界纪录的选手。1999 年 6 月，莫里斯·格林在雅典打破专家预测，将男子 100 米世界纪录带到

9 秒 79 的高度。他将加拿大选手贝利在亚特兰大奥运会上创造的 9 秒 84 的成绩提高了百分之五秒。这也是自 20 世纪 60 年代引入电子记时后，百米成绩幅度提高得最大的一次。2008 年因腿伤在北京宣布退役。

莫里斯·格林

主要战绩

1997 年，世锦赛 100 米冠军。

1999 年，世锦赛 100 米、200 米和 4×100 米冠军，并创造了 9 秒 79 的 100 米世界纪录，室内世锦赛 60 米冠军。

2000 年，悉尼奥运会 100 米、4×100 接力金牌，黄金联赛罗马站、苏黎世站、摩纳哥站、布鲁塞尔站、柏林站 100 米冠军。

2001 年，世锦赛 100 米冠军，黄金联赛罗马站、巴黎站 100 米冠军。

2002 年，黄金联赛巴黎站、罗马站、摩纳哥站 100 米冠军，奥斯陆站 100 米亚军。

2003 年，黄金联赛巴黎站、罗马站 100 米第三名。

2004 年，雅典奥运会 100 米铜牌，4×100 米接力亚军，黄金联赛巴黎站、苏黎世站 100 米亚军。

2005 年，锐步大奖赛男子 100 米冠军；阿迪达斯田径赛男子 100 米第四名；当年最好成绩 10 秒 01 位居美国男子 100 米成绩排名第七。

卡尔·刘易斯

欧文斯第二

中文名：卡尔·刘易斯
出生地：亚拉马巴州伯明翰
体重：80 公斤
出生日期：1961.07.01
运动项目：田径短跑

田径超级巨星，现代田径史上难得的奇才，非凡的短跑家和跳远名将，被誉为"欧文斯第二"。1961 年 7 月 1 日出生于美国亚拉马巴州伯明翰的一个田径世家，由于受家庭环境的影响，他在很小时就开始进行田径训练。1981 年以来，每年被许多国家的通讯社和体育报刊评为世界十名最佳运动员

卡尔·刘易斯

之一的卡尔刘易斯，成为在一届奥运会上一人夺得四枚金牌的又一英雄人物，再现了已故运动员欧文斯在 1936 年德国奥林匹克运动会上勇夺四枚金牌的雄姿，被人们惊誉为"神奇小子。"

主要战绩

1983 年，赫尔辛基世界田径锦标赛男子 100 米冠军；男子 4×100 米接力冠军。

1984 年，洛杉矶奥运会男子 100 米冠军；男子 200 米冠军；男子 4×100 米接力冠军。

1987 年，罗马男子世界田径锦标赛 100 米冠军；男子 4×100 米接力冠军。

1988 年，汉城奥运会男子 100 米冠军；200 米亚军。

1991 年，东京世界田径锦标赛男子 100 米冠军；男子 4×100 米接力冠军。

1992 年，巴塞罗奥运会那男子 4×100 米接力冠军。

1993 年，斯图加特世界田径锦标赛男子 200 米季军。

迈克尔·约翰逊

只拿金牌的"阿甘"

中文名：迈克尔·约翰逊

出生地：达拉斯

体重：82 公斤

出生日期：1967.09.13

运动项目：田径短跑

约翰逊 1967 年 9 月 13 日出生于美国达拉斯，他从小就显现出非凡的体育天赋。高中时代，约翰逊参加了 1988 年美国田径锦标赛，出人意料地包揽了男子 200 米和 400 米的两枚金牌，并得以入选美国国家队。他是奥运历史上，唯一一个在同一届奥运会上包揽 200 米和 400 米跑的两枚金牌的获得着，被誉为只拿金牌的"阿甘"。

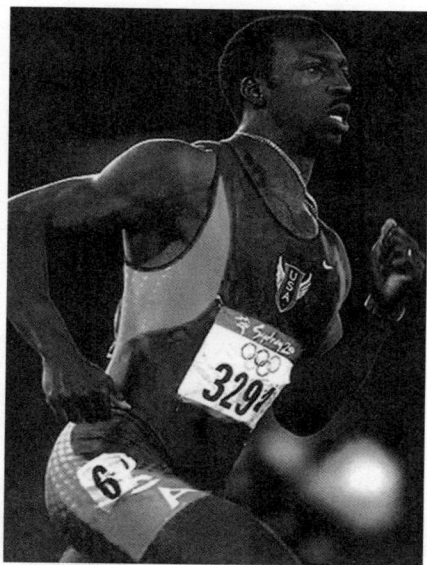

迈克尔·约翰逊

主要战绩

1988 年，美国田径锦标赛夺得 200 米、400 米 2 项冠军。

1991 年，日本东京第三届世锦赛上获得男子 200 米冠军。

1993 年，德国斯图加特第四届世锦赛获男子 400 米冠军，4 × 400 米接力冠军。

1995 年，世界锦标赛上获得 200 米、400 米、4 × 400 米三项冠军；在内华达全美室内田径锦标赛上获得 200 米、400 米冠军，并且创造了 44 秒 63 的室内 400 米世界纪录。

1996 年，美国奥运会田径预选赛，打破男子 200 米世界纪录并夺冠；获得亚特兰大奥运会 200 米、400 冠军。

1997 年，希腊雅典第六届世锦赛获男子 400 米冠军。

1998 年：美国纽约第四届世界友好运动会与队友合作以 2 分 54 秒 20 的成绩打破男子 4 × 400 米世界纪录，并以获得 400 米冠军。

1999 年，西班牙塞维利亚世界田径锦标赛 400 冠军，并且创造 43.18 的世界纪录。

2000 年，悉尼奥运会上获得 400m 冠军；4 × 400m 冠军。

肖恩·克劳福德

中文名：肖恩·克劳福德
出生地：南加利福尼亚
体重：81 公斤
出生日期：1978.01.14
运动项目：田径 200 米

肖恩·克劳福德

肖恩·克劳福德出生于南加利福尼亚 2001 年在世界室内锦标赛 200 米项目中，其队友柯迪·米勒摔断了左腿腓骨，作为替补选手上场的他，意外获得了冠军，那年他 23 岁。在 2004 年雅典奥运会 200 米跑项目中以 19.79 秒的个人最好成绩夺得了金牌，奠定了他作为世界顶级赛跑选手的地位。

主要战绩

2001 年，室内世锦赛 200 米冠军，世界田径总决赛 200 米冠军。

2001 年，世锦赛 200 米第三名。

2002 年，全美室内田径赛 200 米冠军。

2003 年，世界田径总决赛 200 米亚军，黄金联赛柏林站 100 米亚军，罗马站 200 米亚军，布鲁塞尔站 200 米第三名。

2004 年，奥运会 200 米冠军，4×100 米接力亚军。

谢莉·安·弗雷泽

女飞人

中文名：谢莉·安·弗雷泽

体重：65 公斤

出生日期：1986.12.27

运动项目：田径 100 米

弗雷泽隶属于牙买加国内的 MVP 俱乐部，2007 年的大阪田径世锦赛，她仅作为替补队员填报了女子 4×100 米接力，而且并未在决赛中获得出场机会。进入 2008 年，弗雷泽的成绩有了长足的提高。她先是在巴西贝伦的国际田联大奖赛上以 11 秒 28 获得了女子百米的第三名，继而又在英国伦敦进行的国际田联超级大奖

谢莉·安·弗雷泽

赛上紧随师姐坎贝尔，以 10 秒 95 拿到银牌。在 2008 年 6 月底进行的牙买加国内选拔赛上，弗雷泽以 10 秒 85 排名第二，这个成绩在当时也创造了 2008 年的世界第三好成绩，弗雷泽也就此参加了北京奥运会，结果她超水平发挥，以 10 秒 78 第一个撞线，成为新的女飞人。

主要战绩

2008 年，北京奥运会上以 10 秒 78 获得了女子百米大战的冠军。

2012 年，国际田联钻石联赛纽约站以 10 秒 92 的成绩夺冠。

2012 年，伦敦奥运会上以 10 秒 75 获得了女子百米大战的冠军。

2012 年，伦敦奥运会上以 22 秒 09 的成绩获得 200 米亚军。

2012 年，伦敦奥运会上 4×100 米银牌，并以 41 秒 41 的成绩打破全国纪录。

2012 年，国际田联钻石联赛英国伯明翰站以 10 秒 90 的成绩获得 100 米亚军。

2013 年，钻石联赛上海站以 10 秒 93 的成绩获得冠军。

2013 年，国际田联钻石联赛美国尤金站，以 10 秒 71 的惊人成绩获得冠军。

PART 11　**历史档案**

历届奥运会赛跑项目历史成绩纪录

1896 第一届希腊雅典奥运会

男子 100 米：美国的伯克获得冠军 12.0

男子 400 米：美国的伯克获得冠军 54.2

男子 800 米：澳大利亚的弗拉克获得冠军 2：11.8

男子 1500 米：澳大利亚的弗拉克获得冠军 4：33.2

男子马拉松（40 公里）：希腊的路易斯获得冠军 2：58：50

男子 110 米栏（实际距离为 100 米）：美国的柯蒂斯、古尔丁并列

第一 17.6

1900 年第二届法国巴黎奥运会

男子 60 米：美国的克伦茨莱因获得冠军 7.0

男子 100 米：美国的贾维斯获得冠军 11.0

男子 200 米：美国的图科斯伯里获得冠军

男子 400 米：美国的朗获得冠军

男子 800 米：英国的泰索获得冠军 2：01.2

男子 1500 米：英国的贝内特获得冠军 4：06.2

男子马拉松（40.26 公里）：卢森堡的泰阿托获得冠军 2：59.45

男子 110 米栏：美国的克伦茨莱因获得冠军 15.4

男子 200 米栏：美国的克伦茨莱因获得冠军 25.4

男子 400 米栏：美国的图科斯伯里获得冠军 57.6

男子 3000 米障碍（实际 2500 米）：加拿大的奥顿获得冠军 7：34.4

男子 4000 米障碍：英国的里默获得冠军 12：58.4

1904 年第三届美国圣路易斯奥运会

男子 60 米：美国的哈恩获得冠军 7.0

男子 100 米：美国的哈恩获得冠军 11.0

男子 200 米：美国的哈恩获得冠军 21.6

男子 400 米：美国的希尔曼获得冠军 49.2

男子 800 米：美国的莱特博迪获得冠军 1：56.0

男子 1500 米：美国的莱特博迪获得冠军 4：05.4

男子马拉松（40 公里）：美国的希克斯获得冠军 3：28：53

男子 110 米栏：美国的舒勒获得冠军 16.0

男子 200 米栏：美国的希尔曼获得冠军 24.6

男子 400 米栏：美国的希尔曼获得冠军 53.0

男子 3000 米障碍（实际距离 2500 米）：美国的莱特博迪获得冠军 7：39.6

1908 第四届英国伦敦奥运会

男子 100 米：南非的沃克获得冠军 10.8

男子 200 米：加拿大的克尔获得冠军 22.6

男子 400 米：英国的霍尔斯韦尔获得冠军 50.0

男子 800 米：美国的斯巴达德获得冠军 1：52.8

男子 1500 米：美国的斯巴达德获得冠军 4：03. 4

男子 5 英里：英国的沃伊特获得冠军 25：11. 2

男子马拉松（42. 195 公里）：美国的海斯获得冠军 2：55：18. 4

男子 110 米栏：美国的史密斯获得冠军 15. 0

男子 400 米栏：美国的培根获得冠军 55. 0

男子 3000 米障碍（实际 3200 米）：英国的拉塞尔获得冠军 10：47. 8

男子 4×400 米接力：美国队获得冠军 3：29. 4

1912 第五届瑞典斯德哥尔摩奥运会

男子 100 米：美国的克雷格获得冠军 10. 8

男子 200 米：美国的克雷格获得冠军 21. 7

男子 400 米：美国的里德帕斯获得冠军 48. 2

男子 800 米：美国的梅雷迪斯获得冠军 1：51. 9

男子 1500 米：英国的杰克逊获得冠军 3：56. 8

男子 5000 米：芬兰的科勒赫迈宁获得冠军 14：36. 6

男子 10000 米：芬兰的科勒赫迈宁获得冠军 31：20. 8

男子马拉松（40. 200 公里）：南非的麦克阿瑟获得冠军 2：36：54. 8

男子 110 米栏：美国的凯利获得冠军 15. 1

男子 4×100 米接力：英国队获得冠军 42. 4

男子 4×400 米接力：美国队获得冠军 3：16. 6

1920 第七届比利时安特卫普奥运会

男子 100 米：美国的帕多克获得冠军 10. 8

男子 200 米：美国的伍德林获得冠军 22. 0

男子 400 米：南非的拉德获得冠军 49. 6

男子 800 米：英国的希尔获得冠军 1：53. 4

男子 1500 米：英国的希尔获得冠军 4：01. 8

男子 5000 米：法国的吉耶莫获得冠军 14：55.6

男子 10000 米：芬兰的努尔米获得冠军 31：45.8

男子马拉松（42.75 公里）：芬兰的科勒赫迈宁获得冠军 2：32：35.8

男子 110 米栏：加拿大的汤姆森获得冠军 14.8

男子 400 米栏：美国的卢米斯获得冠军 54.0

男子 3000 米障碍：英国的霍奇获得冠军 10：00.4

男子 4×100 米接力：美国队获得冠军 42.2

男子 4×400 米接力：英国队获得冠军 3：22.2

1924 第八届法国巴黎奥运会

男子 100 米：英国的亚伯拉罕斯获得冠军 10.6

男子 200 米：美国的肖尔茨获得冠军 21.6

男子 400 米：英国的利德尔获得冠军 47.6

男子 800 米：英国的洛获得冠军 1：52.4

男子 1500 米：芬兰的努尔米获得冠军 3：53.6

男子 5000 米：芬兰的努尔米获得冠军 14：31.2

男子 10000 米：芬兰的里托拉获得冠军 30：23.2

男子马拉松（42.195 公里）：芬兰的斯滕罗斯获得冠军 2：41：22.6

男子 110 米栏：美国的金西获得冠军 15.0

男子 400 米栏：美国的泰勒获得冠军 52.6

男子 3000 米障碍：芬兰的里托拉获得冠军 9：33.6

男子 4×100 米接力：美国队获得冠军 41.0

男子 4×400 米接力：美国队获得冠军 3：16.0

1928 第九届荷兰阿姆斯特朗丹奥运会

男子 100 米：加拿大的威廉斯获得冠军 10.8

男子 200 米：加拿大的威廉斯获得冠军 21.8

男子 400 米：美国的巴尔伯蒂获得冠军 47.8

男子 800 米：英国的洛获得冠军 1：51.8

男子 1500 米：芬兰的拉瓦获得冠军 3：53.2

男子 5000 米：芬兰的里托拉获得冠军 14：38.0

男子 10000 米：芬兰的努尔米获得冠军 30：18.8

男子马拉松：法国的瓦非获得冠军 2：32：57.0

男子 110 米栏：南非的阿特金森获得冠军 14.8

男子 400 米栏：英国的伯利获得冠军 53.4

男子 3000 米障碍：芬兰的劳科拉获得冠军 9：21.8

男子 4×100 米接力：美国队获得冠军 41.0

男子 4×400 米接力：美国队获得冠军 3：14.2

女子 100 米：美国的鲁宾逊获得冠军 12.2

女子 800 米：德国的拉德克获得冠军 2：16.8

女子 4×100 米接力：加拿大队获得冠军 48.4

1932 年第十届美国洛杉矶奥运会

男子 100 米：美国的埃·托兰获得冠军 10.3

男子 200 米：美国的托·托兰获得冠军 21.2

男子 400 米：美国的卡尔获得冠军 46.2

男子 800 米：美国的汉普森获得冠军 1：49.7

男子 1500 米：意大利的贝卡利获得冠军 3：51.2

男子 5000 米：芬兰的莱赫蒂宁获得冠军 14：30.0

男子 10000 米：波兰的库索辛斯基获得冠军 30：11.4

男子马拉松：阿根廷的萨瓦拉获得冠军 2：31：36.0

男子 110 米栏：美国的塞林获得冠军 14.6

男子 400 米栏：爱尔兰的蒂斯德尔获得冠军 51.7

男子 3000 米障碍（实际距离 3460 米）：芬兰的伊索－霍洛获得冠军

10：33.4

男子 4×100 米接力：美国队获得冠军 40.0

男子 4×400 米接力：美国队获得冠军 3：08.2

女子 100 米：波兰的瓦拉谢维奇获得冠军 11.9

女子 80 米栏：美国的迪德里克森获得冠军 11.7

女子 4×100 米接力：美国队获得冠军 46.9

1936 年第十一届德国柏林奥运会

男子 100 米：美国的欧文斯获得冠军 10.3

男子 200 米：美国的欧文斯获得冠军 20.7

男子 400 米：美国的威廉斯获得冠军 46.5

男子 800 米：美国的伍德拉夫获得冠军 1：52.9

男子 1500 米：新西兰的洛夫洛克获得冠军 3：47.8

男子 5000 米：芬兰的赫克特获得冠军 14：22.2

男子 10000 米：芬兰的萨尔米宁获得冠军 30：15.4

男子马拉松：日本的孙基祯获得冠军 2：29：19.2

男子 110 米栏：美国的汤斯获得冠军 14.2

男子 400 米栏：美国的哈丁获得冠军 52.4

男子 3000 米障碍：芬兰的伊索 - 霍洛获得冠军 9：03.8

男子 4×100 米接力：美国队获得冠军 39.8

男子 4×400 米接力：英国队获得冠军 3：09.0

女子 100 米：美国的斯蒂芬斯获得冠军 11.5

女子 80 米栏：意大利的瓦拉获得冠军 11.7

女子 4×100 米接力：美国队获得冠军 46.9

1948 年第十四届英国伦敦奥运会

男子 100 米：美国的迪拉德获得冠军 10.3

男子 200 米：美国的帕顿获得冠军 21.1

男子 400 米：牙买加的温特获得冠军 46.2

男子 800 米：美国的惠特菲尔德获得冠军 1：49.2

男子 1500 米：瑞典的埃里克松获得冠军 3：49.8

男子 5000 米：比利时的雷夫获得冠军 14：17.6

男子 10000 米：捷克斯洛伐克的扎托佩克获得冠军 29：59.6

男子马拉松：阿根廷的卡夫雷拉获得冠军 2：34：51.6

男子 110 米栏：美国的波特获得冠军 13.9

男子 400 米栏：美国的科克伦获得冠军 51.1

男子 3000 米障碍：瑞典的肖斯特兰德获得冠军 9：04.6

男子 4×100 米接力：美国队获得冠军 40.6

男子 4×400 米接力：美国队获得冠军 3：10.4

女子 100 米：荷兰的布兰克尔斯－科恩获得冠军 11.9

女子 200 米：荷兰的布兰克尔斯－科恩获得冠军 24.4

女子 80 米栏：荷兰的布兰克尔斯－科恩、英国的加德纳并列第
一 11.2

女子 4×100 米接力：荷兰队获得冠军 47.5

1952 年第 15 届芬兰赫尔辛基奥运会

男子 100 米：美国的雷米吉诺获得冠军 10.79

男子 200 米：美国的斯坦菲尔德获得冠军 20.81

男子 400 米：牙买加的罗登获得冠军 46.09

男子 800 米：美国的惠特菲尔德获得冠军 1：49.34

男子 1500 米：卢森堡的巴特尔获得冠军 3：45.28

男子 5000 米：捷克斯洛伐克的扎托佩克获得冠军 14：06.72

男子 10000 米：捷克斯洛伐克的扎托佩克获得冠军 29：17.0

男子马拉松：捷克斯洛伐克的扎托佩克获得冠军 2：23：03.2

男子 110 米栏：美国的迪拉德获得冠军 13.91

男子 400 米栏：美国的穆尔获得冠军 51.06

男子 3000 米障碍：美国的阿申菲尔特获得冠军 8：45.68

男子 4×100 米接力：美国队获得冠军 40.26

男子 4×400 米接力：牙买加队获得冠军 3：04.04

女子 100 米：澳大利亚的杰克逊获得冠军 11.65

女子 200 米：澳大利亚的杰克逊获得冠军 23.89

女子 80 米栏：澳大利亚的斯特里克兰获得冠军 11.01

女子 4×100 米接力：美国队获得冠军 46.14

1956 年第十六届澳大利亚墨尔本奥运会

男子 100 米：美国的莫罗获得冠军 10.62

男子 200 米：美国的莫罗获得冠军 20.75

男子 400 米：美国的詹金斯获得冠军 46.85

男子 800 米：美国的考特尼获得冠军 1：47.75

男子 1500 米：爱尔兰的德拉尼获得冠军 3：41.49

男子 5000 米：苏联的库茨获得冠军 13：39.86

男子 10000 米：苏联的库茨获得冠军 28：45.59

男子马拉松：法国的米蒙获得冠军 2：25：00.0

男子 110 米栏：美国的卡尔霍恩获得冠军 13.70

男子 400 米栏：美国的戴维斯获得冠军 50.29

男子 3000 米障碍：英国的布拉谢尔获得冠军 8：41.2

男子 4×100 米接力：美国队获得冠军 39.60

男子 4×400 米接力：美国队获得冠军 3：04.81

女子 100 米：澳大利亚的卡思伯特获得冠军 11.82

女子 200 米：澳大利亚的卡思伯特获得冠军 23.55

女子 80 米栏：澳大利亚的斯特里克兰获得冠军 10.96

女子 4×100 米接力：澳大利亚队获得冠军 44.65

1960 年第十七届意大利罗马奥运会

男子 100 米：德国的哈里获得冠军 10.32

男子 200 米：意大利的贝鲁蒂获得冠军 20.62

男子 400 米：美国的戴维斯获得冠军 45.07

男子 800 米：新西兰的斯内尔获得冠军 1：46.48

男子 1500 米：澳大利亚的埃利奥特获得冠军 3：35.6

男子 5000 米：新西兰的哈尔伯格获得冠军 13：43.76

男子 10000 米：苏联的博洛特尼科夫获得冠军 28：32.18

男子马拉松：埃塞俄比亚的阿贝贝获得冠军 2：15：16.2

男子 110 米栏：美国的卡尔霍恩获得冠军 13.98

男子 400 米栏：美国的戴维斯获得冠军 49.51

男子 3000 米障碍：波兰的克日什科维亚克获得冠军 8：34.30

男子 4×100 米接力：德国队获得冠军 39.66

男子 4×400 米接力：美国队获得冠军 3：02.37

女子 100 米：美国的鲁道夫获得冠军 11.18

女子 200 米：美国的鲁道夫获得冠军 24.13

女子 800 米：苏联的舍夫佐娃获得冠军 2：04.50

女子 80 米栏：苏联的普雷斯获得冠军 10.93

女子 4×100 米接力：美国队获得冠军 44.72

1964 年第十八届日本东京奥运会

男子 100 米：美国的海斯获得冠军 10.06

男子 200 米：美国的卡尔获得冠军 20.36

男子 400 米：美国的拉拉贝获得冠军 45.15

男子 800 米：新西兰的斯内尔获得冠军 1：45.1

男子 1500 米：新西兰的斯内尔获得冠军 3：38.1

男子 5000 米：美国的舒尔获得冠军 13：48.8

男子 10000 米：美国的米尔斯获得冠军 28：24.4

男子马拉松：埃塞俄比亚的阿贝贝获得冠军 2： 12：11.2

男子 110 米栏：美国的琼斯获得冠军 13.67

男子 400 米栏：美国的考利获得冠军 49.6

男子 3000 米障碍：比利时的罗兰茨获得冠军 8：30.8

男子 4×100 米接力：美国队获得冠军 39.06

男子 4×400 米接力：美国队获得冠军 3：00.7

女子 100 米：美国的泰厄斯获得冠军 11.49

女子 200 米：美国的麦圭尔获得冠军 23.05

女子 400 米：澳大利亚的卡思伯特获得冠军 52.01

女子 800 米：英国的帕克获得冠军 2：01.1

女子 80 米栏：德国的巴尔策获得冠军 10.54

女子 4×100 米接力：波兰队获得冠军 43.69

1968 年第十九届墨西哥墨西哥城奥运会

男子 100 米：美国的海因斯获得冠军 9.95

男子 200 米：美国的史密斯获得冠军 19.83

男子 400 米：美国的埃文斯获得冠军 43.86

男子 800 米：澳大利亚的杜贝尔获得冠军 1：44.40

男子 1500 米：肯尼亚的凯诺获得冠军 3：34.91

男子 5000 米：突尼斯的加穆迪获得冠军 14：05.01

男子 10000 米：肯尼亚的蒂姆获得冠军 29：27.40

男子马拉松：埃塞俄比亚的沃尔德获得冠军 2： 20：26.4

男子 110 米栏：美国的达文波特获得冠军 13.33

男子 400 米栏：英国的赫默里获得冠军 48.12

男子 3000 米障碍：肯尼亚的比沃特获得冠军 8：51.02

男子 4×100 米接力：美国队获得冠军 38.24

男子 4×400 米接力：美国队获得冠军 2：56.16

女子 100 米：美国的泰厄斯获得冠军 11.08

女子 200 米：波兰的谢文斯卡获得冠军 22.58

女子 400 米：法国的贝松获得冠军 52.03

女子 800 米：美国的曼宁获得冠军 2：00.92

女子 80 米栏：澳大利亚的凯尔德获得冠军 10.39

女子 4×100 米接力：美国队获得冠军 42.88

1972 年第二十届德慕尼黑奥运会

男子 100 米：苏联的博尔佐夫获得冠军 10.14

男子 200 米：苏联的博尔佐夫获得冠军 20.00

男子 400 米：美国的马修斯获得冠军 44.66

男子 800 米：美国的沃尔特获得冠军 1：45.86

男子 1500 米：芬兰的瓦萨拉获得冠军 3：36.33

男子 5000 米：芬兰的维伦获得冠军 13：26.42

男子 10000 米：芬兰的维伦获得冠军 27：38.35

男子马拉松：美国的肖特获得冠军 2：12：19.8

男子 110 米栏：美国的米尔本获得冠军 13.24

男子 400 米栏：乌拉圭的阿基－布阿获得冠军47.82

男子 3000 米障碍：肯尼亚的凯诺获得冠军 8：23.64

男子 4×100 米接力：美国队获得冠军 38.19

男子 4×400 米接力：肯尼亚队获得冠军 2：59.83

女子 100 米：民主德国的施特歇尔获得冠军 11.07

女子 200 米：民主德国的施特歇尔获得冠军 22.40

女子 400 米：民主德国的策尔特获得冠军 51.08

女子 800 米：联邦德国的法尔克获得冠军 1：58.55

女子 1500 米：苏联的布拉金娜获得冠军 4：01.38

女子 100 米栏：民主德国的埃尔哈特获得冠军 12.59

女子 4×100 米接力：联邦德国队获得冠军 42.81

女子 4×400 米接力：民主德国队获得冠军 3：22.95

1976 年第二十一届加拿大蒙特利尔奥运会

男子 100 米：特立尼达和多巴哥的克劳福德获得冠军 10.06

男子 200 米：牙买加的夸里获得冠军 20.23

男子 400 米：古巴的胡安托雷纳获得冠军 44.26

男子 800 米：古巴的胡安托雷纳获得冠军1：43.50

男子 1500 米：新西兰的沃克获得冠军 3：39.17

男子 5000 米：芬兰的维伦获得冠军 13：24.76

男子 10000 米：芬兰的维伦获得冠军 27：40.38

男子马拉松：民主德国的西尔平斯基获得冠军 2：09：55.0

男子 110 米栏：法国的德律获得冠军 13.30

男子 400 米栏：美国的摩西获得冠军 47.64

男子 3000 米障碍：瑞典的格尔德鲁德获得冠军 8：08.02

男子 4×100 米接力：美国队获得冠军 38.33

男子 4×400 米接力：美国队获得冠军 2：58.65

女子 100 米：联邦德国的里希特获得冠军 11.08

女子 200 米：民主德国的埃克特获得冠军 22.37

女子 400 米：波兰的谢文斯卡获得冠军 49.28

女子 800 米：苏联的卡赞金娜获得冠军 1：54.94

女子 1500 米：苏联的卡赞金娜获得冠军 4：05.48

女子 100 米栏：民主德国的沙勒获得冠军 12.77

女子 4×100 米接力：民主德国队获得冠军 42.55

女子4×400米接力：民主德国队获得冠军3：19.23

1980 年第二十二届苏联莫斯科奥运会

男子100米：英国的韦尔斯获得冠军10.25

男子200米：意大利的门内亚获得冠军20.19

男子400米：苏联的马尔金获得冠军44.60

男子800米：英国的奥维特（Steve Ovett／英国）获得冠军1：45.40

男子1500米：英国的科获得冠军3：38.40

男子5000米：埃塞俄比亚的伊夫特获得冠军13：20.91

男子10000米：埃塞俄比亚的伊夫特获得冠军27：42.69

男子马拉松：民主德国的西尔平斯基获得冠军2：11：03

男子110米栏：民主德国的蒙克尔特获得冠军13.39

男子400米栏：民主德国的贝克获得冠军48.70

男子3000米障碍：波兰的马利诺夫斯基获得冠军8：09.70

男子4×100米接力：苏联队获得冠军38.26

男子4×400米接力：苏联队获得冠军3：01.08

女子100米：苏联的孔德拉季耶娃获得冠军11.06

女子200米：民主德国的埃克特－渥克尔获得冠军22.03

女子400米：民主德国的科赫获得冠军48.88

女子800米：苏联的奥利扎连科获得冠军1：53.43

女子1500米：苏联的卡赞金娜获得冠军3：56.56

女子100米栏：苏联的科米索娃获得冠军12.56

女子4×100米接力：民主德国队获得冠军41.60

女子4×400米接力：苏联队获得冠军3：20.12

1984 年第23届美国洛杉矶奥运会

男子100米：美国的刘易斯获得冠军9.99

男子 200 米：美国的刘易斯获得冠军 19.80

男子 400 米：美国的巴伯斯获得冠军 44.27

男子 800 米：巴西的克鲁斯获得冠军 1：43.00

男子 1500 米：英国的科获得冠军 3：32.53

男子 5000 米：摩洛哥的奥伊塔获得冠军 13：05.59

男子 10000 米：意大利的科瓦获得冠军 27：47.54

男子马拉松：葡萄牙的洛佩斯获得冠军 2：09：21

男子 110 米栏：美国的金多姆获得冠军 13.20

男子 400 米栏：美国的摩西获得冠军 47.75

男子 3000 米障碍：肯尼亚的科里尔获得冠军 8：11.80

男子 4×100 米接力：美国队获得冠军 37.83

男子 4×400 米接力：美国队获得冠军 2：57.91

女子 100 米：美国的阿什福德获得冠军 10.97

女子 200 米：美国的布里斯科 – 胡克斯获得冠军 21.81

女子 400 米：美国的布里斯科 – 胡克斯获得冠军 48.83

女子 800 米：罗马尼亚的梅林特获得冠军 1：57.60

女子 1500 米：意大利的多里奥获得冠军 4：03.25

女子 3000 米：罗马尼亚的普伊卡获得冠军 8：35.96

女子马拉松：美国的贝努瓦获得冠军 2：24：52

女子 100 米栏：美国的菲茨杰拉德 – 布朗获得冠军 12.84

女子 400 米栏：摩洛哥的穆塔瓦基尔获得冠军 54.61

女子 4×100 米接力：美国队获得冠军 41.65

女子 4×400 米接力：美国队获得冠军 3：18.29

1988 年第二十四届韩国汉城奥运会

男子 100 米：美国的刘易斯获得冠军 9.92

男子 200 米：美国的德洛奇获得冠军 19.75

男子 400 米：美国的刘易斯获得冠军 43.87

男子 800 米：肯尼亚的埃伦获得冠军 1：43.45

男子 1500 米：肯尼亚的罗诺获得冠军 3：35.96

男子 5000 米：肯尼亚的恩古吉获得冠军 13：11.70

男子 10000 米：摩洛哥的伯泰布获得冠军27：21.46

男子马拉松：意大利的博尔丁获得冠军 2：10：32

男子 110 米栏：美国的金多姆获得冠军 12.98

男子 400 米栏：美国的菲利普斯获得冠军 47.19

男子 3000 米障碍：肯尼亚的卡里乌基获得冠军8：05.51

男子 4×100 米接力：苏联队获得冠军 38.19

男子 4×400 米接力：美国队获得冠军 2：56.16

女子 100 米：美国的格里菲斯·乔伊纳获得冠军 10.54

女子 200 米：美国的格里菲斯·乔伊纳获得冠军 21.34

女子 400 米：苏联的布里兹金娜获得冠军 48.65

女子 800 米：民主德国的沃达尔斯获得冠军1：56.10

女子 1500 米：罗马尼亚的伊万获得冠军 3：53.96

女子 3000 米：苏联的萨莫连科获得冠军8：26.53

女子 10000 米：苏联的邦达连科获得冠军31：05.21

女子马拉松：葡萄牙的莫塔获得冠军 2：25：40

女子 100 米栏：保加利亚的东科娃获得冠军12.38

女子 400 米栏：澳大利亚的弗林托夫－金获得冠军 53.17

女子 4×100 米接力：美国队获得冠军 41.98

女子 4×400 米接力：苏联队获得冠军 3：15.18

1992 年第二十五届西班牙巴塞罗那奥运会

男子 100 米：英国的克里斯蒂获得冠军 9.96

男子 200 米：美国的马什获得冠军 20.01

男子 400 米：美国的沃茨获得冠军 43.50

男子 800 米：肯尼亚的塔努伊获得冠军 1：43.66

男子 1500 米：西班牙的鲁伊斯获得冠军 3：40.12

男子 5000 米：德国的鲍曼获得冠军 13：12.52

男子 10000 米：摩洛哥的斯卡赫获得冠军 27：46.70

男子马拉松：韩国的黄永祚获得冠军 2：13：23

男子 110 米栏：加拿大的麦科伊获得冠军 13.12

男子 400 米栏：美国的扬获得冠军 46.78

男子 3000 米障碍：肯尼亚的比里尔获得冠军 8：08.94

男子 4×100 米接力：美国队获得冠军 37.40

男子 4×400 米接力：美国队获得冠军 2：55.74

女子 100 米：美国的德弗斯获得冠军 10.82

女子 200 米：美国的托伦斯获得冠军 21.81

女子 400 米：法国的佩雷克获得冠军 48.83

女子 800 米：荷兰的范兰根获得冠军 1：55.54

女子 1500 米：阿尔及利亚的布梅尔卡获得冠军 3：55.30

女子 3000 米：独联体的罗曼诺娃获得冠军 8：46.04

女子 10000 米：埃塞俄比亚的图卢获得冠军 31：06.02

女子马拉松：独联体的叶戈罗娃获得冠军 2：32：41

女子 100 米栏：希腊的帕图利杜获得冠军 12.64

女子 400 米栏：英国的冈纳尔获得冠军 53.23

女子 4×100 米接力：美国队获得冠军 42.11

女子 4×400 米接力：独联体队获得冠军 3：20.20

1996 年第二十六届美国亚特兰大奥运会

男子 100 米：加拿大的贝利获得冠军 9.84

男子 200 米：美国的约翰逊获得冠军 19.32

男子 400 米：美国的约翰逊获得冠军 43.49

男子 800 米：挪威的罗达尔获得冠军 1：42.58

男子 1500 米：阿尔及利亚的莫塞利获得冠军 3：35.78

男子 5000 米：布隆迪的尼永加博获得冠军 13：07.96

男子 10000 米：埃塞俄比亚的格布雷塞拉西获得冠军 27：07.34

男子马拉松：南非的图格瓦内获得冠军 2：12：36

男子 110 米栏：美国的约翰逊获得冠军 12.95

男子 400 米栏：美国的阿德金斯获得冠军 47.54

男子 3000 米障碍：肯尼亚的凯特尔获得冠军 8：07.12

男子 4×100 米接力：加拿大队获得冠军 37.69

男子 4×400 米接力：美国队获得冠军 2：55.99

女子 100 米：美国的德弗斯获得冠军 10.94

女子 200 米：法国的佩雷克获得冠军 22.12

女子 400 米：法国的佩雷克获得冠军 48.25

女子 800 米：俄罗斯的马斯特科娃获得冠军 1：57.73

女子 1500 米：俄罗斯的马斯特科娃获得冠军 4：00.83

女子 5000 米：中国的王军霞获得冠军 14：59.88

女子 10000 米：葡萄牙的里贝罗获得冠军 31：01.63

女子马拉松：埃塞俄比亚的罗巴获得冠军 2：26：05

女子 100 米栏：瑞典的恩奎斯特获得冠军 12.58

女子 400 米栏：牙买加的亨明斯获得冠军 52.82

女子 4×100 米接力：美国队获得冠军 41.95

女子 4×400 米接力：美国队获得冠军 3：20.91

2000 年第二十七届澳大利亚悉尼奥运会

男子 100 米：美国的莫里斯·格林获得冠军 9.87

男子 200 米：希腊的康斯坦丁诺斯·肯特里斯获得冠军 20.09

男子 400 米：美国的迈克尔·约翰逊获得冠军 43.84

男子 800 米：德国的尼尔斯·舒曼获得冠军 1：45.08

男子 1500 米：肯尼亚的诺阿·恩盖尼获得冠军 3：32.07

男子 5000 米：埃塞俄比亚的米隆·沃尔德获得冠军 13：35.49

男子 10000 米：埃塞俄比亚的海尔·格布雷塞拉西获得冠军 27：18.20

男子马拉松：埃塞俄比亚的格萨涅·阿贝拉获得冠军 2：10：11

男子 110 米栏：古巴的阿尼尔·加西亚获得冠军 13.00

男子 400 米栏：美国的安吉洛·泰勒获得冠军 47.50

男子 3000 米障碍：肯尼亚的罗本·科斯吉获得冠军 8：21.43

男子 4×100 米接力：美国队获得冠军 37.61

男子 4×400 米接力：美国队获得冠军 2：56.35

女子 100 米：美国的马里昂·琼斯获得冠军 10.75

女子 200 米：美国的马里昂·琼斯获得冠军 21.84

女子 400 米：澳大利亚的卡茜·弗里曼获得冠军 49.11

女子 800 米：莫桑比克的玛利亚·穆托拉获得冠军 1：56.15

女子 1500 米：阿尔及利亚的努里娅·梅拉赫－贝尼达获得冠军
4：05.10

女子 5000 米：罗马尼亚的加布列拉·萨博获得冠军 14：40.79

女子 10000 米：埃塞俄比亚的德拉尔图·图卢获得冠军 30：17.49

女子马拉松：日本的高桥尚子获得冠军 2：23：14

女子 100 米栏：哈萨克斯坦的奥尔加·希希金娜获得冠军 12.65

女子 400 米栏：俄罗斯的伊琳娜·普里瓦洛娃获得冠军 53.02

女子 4×100 米接力：巴哈马队获得冠军 41.95

女子 4×400 米接力：美国队获得冠军 3：22.62

2004 年第二十八届希腊雅典奥运会

男子 100 米：美国的朱斯汀·加特林获得冠军 9.85

男子 200 米：美国的肖恩·克劳福德获得冠军 19.79

男子 400 米：美国的杰雷米·沃里纳获得冠军 44.00

男子 800 米：俄罗斯的尤里·博尔扎科夫斯基获得冠军 1：44.45

男子 1500 米：摩洛哥的希查姆·埃尔·盖鲁伊获得冠军 3：34.18

110 米栏冠军刘翔

男子 5000 米：摩洛哥的希查姆·埃尔·盖鲁伊获得冠军 13：14.39

男子 10000 米：埃塞俄比亚的科内尼萨·贝克勒获得冠军 27：05.10

男子马拉松：意大利的斯蒂法诺·巴尔迪尼获得冠军 2：10：55

男子 110 米栏：中国的刘翔获得冠军 12.91

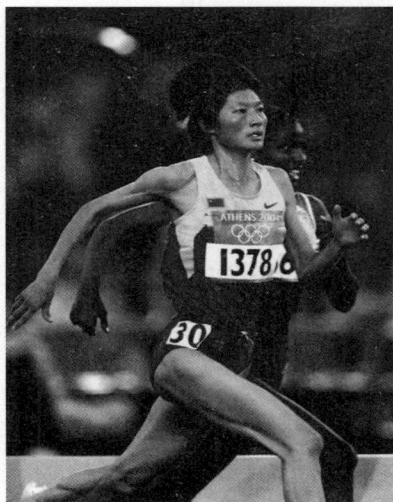

10000 米冠军邢慧娜

男子 400 米栏：多米尼加共和国的菲利克斯·桑切斯获得冠军 47.63

男子 3000 米障碍：肯尼亚的埃兹齐尔·肯姆博伊获得冠军 8：05.81

男子 4×100 米接力：英国队获得冠军 38.07

男子 4×400 米接力：美国队获得冠军 2：55.91

女子 100 米：白俄罗斯的尤里娅·尼斯特连科获得冠军 10.93

女子 200 米：牙买加的维罗尼卡·坎贝尔获得冠军 22.05

女子 400 米：巴哈马的托尼克·威廉斯－达灵获得冠军 49.41

女子 800 米：英国的凯丽·霍姆斯获得冠军1：56.38

女子 1500 米：英国的凯丽·霍姆斯获得冠军3：57.90

女子 5000 米：埃塞俄比亚的梅塞雷特·德法尔获得冠军 14：45.65

女子 10000 米：中国的邢慧娜获得冠军30：24.36

女子马拉松：日本的野口水木获得冠军 2：26：20

女子 100 米栏：美国的琼娜·哈耶斯获得冠军 12.37

女子 400 米栏：希腊的法妮·哈尔基亚获得冠军 52.82

女子 4×100 米接力：牙买加队获得冠军 41.73

女子 4×400 米接力：美国队获得冠军 3：19.01

2008 年第二十九届中国北京奥运会

男子 100 米：牙买加的尤赛恩·博尔特获得冠军 9.69

男子 200 米：牙买加的尤赛恩·博尔特获得冠军 19.30

男子 400 米：美国的阿里斯·梅里特获得冠军 43.75

男子 800 米：肯尼亚的威尔弗雷德·基普肯博伊·本盖获得冠军 1：44.65

男子 1500 米：巴林的拉希德·拉姆齐获得冠军3：32.94

男子 5000 米：埃塞俄比亚的克内尼萨·贝耶查获得冠军 12：57.82

男子 10000 米：埃塞俄比亚的克内尼萨·贝耶查获得冠军 27：01.17

男子马拉松：肯尼亚的塞缪尔·卡马乌获得冠军 2：06：32

男子 110 米栏：古巴的罗伯斯获得冠军 12.93

男子 400 米栏：美国的安杰洛·泰勒获得冠军 47.25

男子 3000 米障碍：肯尼亚的布里明·基普鲁托获得冠军 8：10.34

男子 4×100 米接力：牙买加队获得冠军 37.10

男子 4×400 米接力：美国队获得冠军 2：55.39

女子 100 米：牙买加的弗雷泽获得冠军 10.78

女子 200 米：牙买加的韦罗妮卡·坎贝尔·布朗获得冠军 21.74

女子 400 米：英国的克里斯丁·奥胡鲁古获得冠军 49.62

女子 800 米：肯尼亚的帕梅拉·杰利莫获得冠军 1：54.87

女子 1500 米：肯尼亚的南希·兰加特获得冠军 4：00.23

女子 5000 米：埃塞俄比亚的提瑞斯·迪芭芭获得冠军 15：41.40

女子 10000 米：埃塞俄比亚的提瑞斯·迪芭芭获得冠军 29：54.66

女子马拉松：罗马尼亚的康斯坦丁娜·托梅斯库·迪塔获得冠军 2：26：44

女子 100 米栏：美国的唐·哈珀获得冠军 12.54

女子 400 米栏：牙买加的梅兰·沃克获得冠军 52.64

女子 3000 米障碍：俄罗斯的古利娜拉·加尔金娜·萨米托娃获得冠军 8：58.81

女子 4×100 米接力：俄罗斯队获得冠军 42.31

女子 4×400 接力：美国队获得冠军 3：18.54

2012 年第三十届英国伦敦奥运会

男子 100 米：牙买加的尤赛恩·博尔特获得冠军 9.63

男子 200 米：牙买加的尤赛恩·博尔特获得冠军 19.32

男子 400 米：格林纳达的基拉尼·詹姆斯获得冠军 43.94

男子 800 米：肯尼亚的大卫·利卡特·卢迪莎获得冠军 1：40.91

男子 1500 米：阿尔及利亚的陶菲克·马克洛费获得冠军 3：34.06

男子 5000 米：英国的穆罕默德·法拉赫获得冠军 13：41.66

男子 10000 米：英国的穆罕默德·法拉赫获得冠军 27：30.42

男子马拉松：乌干达的斯蒂芬·基普罗蒂奇获得冠军 2：08：01

男子 110 米栏：美国的阿里斯·梅里特获得冠军 12.92

男子 400 米栏：民主多米尼加的菲利克斯·桑切斯获得冠军 47.63

男子 3000 米障碍：肯尼亚的扎克·科姆博伊获得冠军 8：18.56

男子 4×100 米接力：牙买加队获得冠军 36.84

男子 4×400 米接力：巴哈马队获得冠军 2：56.72

女子 100 米：牙买加的谢莉·安·弗雷泽·普莱斯获得冠军 10.07

女子 200 米：美国的阿里森·菲利克斯获得冠军 21.88

女子 400 米：美国的萨尼亚·查理兹·罗斯获得冠军 49.55

女子 800 米：俄罗斯的马利亚·萨维诺娃获得冠军 1：56.19

女子 1500 米：土耳其的阿里·卡基尔·阿尔普特金获得冠军 4：10.23

110 米栏冠军梅里特

女子 5000 米：埃塞俄比亚的麦斯瑞特·德法尔获得冠军 15：04.25

女子 10000 米：埃塞俄比亚的提瑞斯·迪芭芭获得冠军 30：20.75

女子马拉松：埃塞俄比亚的蒂基·格拉娜获得冠军 2：23.07

女子 100 米栏：澳大利亚的萨利·皮尔森获得冠军 12.35

女子 400 米栏：俄罗斯的娜塔莉亚·安特尤科获得冠军 52.70

女子 3000 米障碍：俄罗斯的尤利娅·扎里波娃获得冠军 9：06.07

女子 4×100 米接力：美国队获得冠军 40.82

女子 4×400 接力：美国队获得冠军 3：16.87